Feng Shui
y el poder de la pirámide

A pesar de haber puesto el máximo cuidado en la redacción de esta obra, el autor o el editor no pueden en modo alguno responsabilizarse por las informaciones (fórmulas, recetas, técnicas, etc.) vertidas en el texto. Se aconseja, en el caso de problemas específicos —a menudo únicos— de cada lector en particular, que se consulte con una persona cualificada para obtener las informaciones más completas, más exactas y lo más actualizadas posible. EDITORIAL DE VECCHI, S. A. U.

© Editorial De Vecchi, S. A. 2019
© [2019] Confidential Concepts International Ltd., Ireland
Subsidiary company of Confidential Concepts Inc, USA
ISBN: 978-1-64461-928-5

El Código Penal vigente dispone: «Será castigado con la pena de prisión de seis meses a dos años o de multa de seis a veinticuatro meses quien, con ánimo de lucro y en perjuicio de tercero, reproduzca, plagie, distribuya o comunique públicamente, en todo o en parte, una obra literaria, artística o científica, o su transformación, interpretación o ejecución artística fijada en cualquier tipo de soporte o comunicada a través de cualquier medio, sin la autorización de los titulares de los correspondientes derechos de propiedad intelectual o de sus cesionarios. La misma pena se impondrá a quien intencionadamente importe, exporte o almacene ejemplares de dichas obras o producciones o ejecuciones sin la referida autorización». (Artículo 270)

Emanuele Alberti

FENG SHUI Y EL PODER DE LA PIRÁMIDE

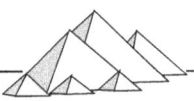

Índice

INTRODUCCIÓN	11

LA APORTACIÓN DE LAS FILOSOFÍAS ORIENTALES

LA ENERGÍA DEL UNIVERSO Y LA DEL CUERPO	14
Ch'i, Yin y Yang	14
El taoísmo y la salud del cuerpo	16
El Tao Yoga	18
La energía de la mujer	19
La aportación de la filosofía hindú	21
El Prana hindú	22
El control de la respiración	23
El Nirvana	24
Los chakras	27
Las nadis	28
El sistema tántrico	30
LOS CHAKRAS EN DETALLE	32
El chakra Muladhara	32
El chakra Svadhisthana	34
El chakra Manipura	35
El chakra Anahata	36
El chakra Visuddha	37
El chakra Ajna	38
GEOMANCIA, VIVIR EN ARMONÍA CON EL UNIVERSO	40
Las líneas del Dragón	44
El Dragón de la Montaña y el Dragón del Agua	45

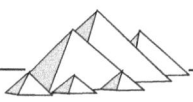

  Las formas terrestres 47
  Los cuatro animales de la concentración y del conocimiento 50

El Feng Shui 52
Descubrir los puntos negativos. 53
La importancia de los colores y las formas. 54
El Feng Shui y el Tao. 55

El Feng Shui y la pirámide equilibradora 57
En casa 57
  Cómo fluyen las energías en el interior de la casa 58
  La entrada 59
  La cocina 61
  La sala de estar 61
  El dormitorio 63
  El cuarto de baño 64
  La habitación de los hijos. 64
El trabajo y las actividades laborales. 66
  Caminos y calles circundantes 66
  Puertas y entradas 67
  Antesalas y salas de espera 67
  La distribución de las camas y de los escritorios 67

LA ACCIÓN BENÉFICA DE LA PIRÁMIDE

Pirámide y bienestar físico 70
El rejuvenecimiento físico y las propiedades del agua. 70

Pirámide, parapsicología y ESP 74

La pirámide y la meditación 78
Favorecer la meditación. 79
Técnicas y principios para la absorción de las energías en el interior
de la pirámide. 81
  La postura 81
  La inmovilidad 82
  La ausencia de esfuerzo. 82
  La respiración. 83
  El control de la mente 83
  La relajación. 84
  Los objetivos de las asanas 85
Los ejercicios de relajación 86
  Ejercicio de la mirada fija (Thratakam) 86
  Ejercicio de la abeja (Bhramari Mudra). 87

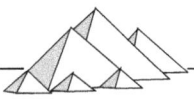

    Ejercicio de la luna y el sol (Surya Chandra Mudra) 87
    Ejercicio del pez (Matsya Mudra) 87
    Relajación completa (Savasana) 87
    Relajación de los hombros 88
Las técnicas de respiración para favorecer la concentración 88

LAS TÉCNICAS PARA EL RENACIMIENTO DE LOS CHAKRAS 91
Técnica de renacimiento del chakra Ajna (Aswinimudra) 92
Técnica de renacimiento del chakra Muladhara (Manduki Kriya) 93
Técnica de renacimiento del chakra Svadhisthana (Vajroli Mudra) 93
Técnica de renacimiento del chakra Manipura 94
Técnica de renacimiento del chakra Anahata 95
Técnica de renacimiento del chakra Visuddha (Chakrawarohan) 96
Técnica de renacimiento del chakra Bindu 97
Técnica para desarrollar el conocimiento de los chakras 97

LA ENERGÍA DE LOS CRISTALES Y LA PIRÁMIDE 99

LAS TÉCNICAS DEL AYURVEDA 104
El reloj de la energía 105
El aparato respiratorio 107
El sistema circulatorio 112
El aparato digestivo 119
El sistema urinario 121
El sistema nervioso 125
Los sistemas óseo y muscular 126
La vista 131

LA EFICACIA TERAPÉUTICA DE LA ENERGÍA PIRAMIDAL 132
La piel 132
El insomnio 133
El reumatismo 133
La celulitis 134
Cefaleas y hemicráneas 134
Las contracciones musculares 134
Estrés y depresión 135
Ondas y campos electromagnéticos 135

EXPERIMENTOS CON LA PIRÁMIDE 136
Afilar las hojas de afeitar 136
La momificación 138
Cargar las pilas eléctricas 140
La pirámide de cuarzo 140

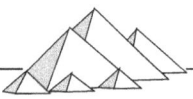

Introducción

Cuando oímos hablar de las pirámides, automáticamente las relacionamos con aquellas que hay en Egipto, con la sabiduría y el misterio sobre su construcción que durante milenios ha seducido a la humanidad; de este modo, a menudo nos olvidamos de que no son las únicas pirámides que existen: esta particular figura geométrica ha fascinado a muchas civilizaciones y pueblos muy diferentes entre sí, que la han aprovechado no sólo para realizar construcciones monumentales, sino también para confeccionar amuletos y otros objetos usados en la vida cotidiana. Y quizá la difusión de estos últimos es lo que da un testimonio excepcional sobre el poder de atracción que tiene la pirámide.

Este fenómeno está muy difundido y, excepto Australia y la Antártida, no existe continente en nuestro planeta en el que no se hallen monumentos inspirados en esta forma geométrica. Este hecho ha suscitado diferentes discusiones (científicas, mágicas o esotéricas), pero ninguna ha aportado soluciones definitivas. Se han establecido numerosas hipótesis discordantes entre sí: hay quien sostiene que la difusión a nivel universal de estas construcciones que se encuentran distanciadas unas de otras por miles de kilómetros es la prueba de la existencia de antiguos visitantes extraterrestres que transmitieron de esta forma parte de su cultura al género humano. Otros, sin embargo, recordando las teorías de Jung y de notables antropólogos, han preferido hacer referencia a símbolos universales, pertenecientes al patrimonio «fisiológico» del hombre, y atribuyen la construcción de las pirámides a la voluntad de reproducir de manera artificial aquellos montes y colinas, donde desde la antigüedad los hombres han instaurado a sus divinidades. La pirámide, más que ninguna otra figura geométrica, evoca la tensión por la altura, hacia el cielo, hacia el infinito, y el deseo del hombre por entrar en contacto con lo trascendente.

Este secular e inagotable debate ha tenido el mérito de estimular una serie de investigaciones y de experimentos para llegar a conocer hasta qué punto son ciertos estos poderes que desde siempre le han sido atribuidos a las construcciones

proyectadas con esta forma. Se ha hablado de catalizadores de energías universales (el Ch'i taoísta o el Prana indio), de amplificadores del pensamiento, de influencia sobre enzimas y hormonas humanas, de propiedades relacionadas con la deshidratación, la momificación y la conservación de los tejidos animales y vegetales. Actualmente, en especial en Estados Unidos, existen organizaciones, como el ESP Laboratory de Los Ángeles, que llevan a cabo investigaciones sistemáticas sobre la pirámide, y la consideran un amplificador de las capacidades extrasensoriales de la mente humana.

Todos estos estudios de tipo experimental han tenido el mérito de empezar a sacar a la luz un patrimonio de fenómenos que han sido recogidos durante siglos, mediante experimentaciones aproximadas y no científicas; además, han permitido hacer una profunda revisión e integración de todas aquellas teorías occidentales y orientales que se basan en los conceptos de la energía universal, la armonía del cosmos y su influencia sobre el hombre. Por este motivo, la filosofía china, la japonesa y la india orientan los experimentos hacia direcciones nuevas y significativas.

Este libro se propone recorrer el camino de estas teorías, y proporcionar al lector no sólo conocimientos históricos y filosóficos, sino una ayuda para conocer los nuevos horizontes abiertos, así como también ilustrar las posibles líneas experimentales que puede realizar uno mismo y describir las aplicaciones prácticas que nos ofrece un instrumento tan beneficioso y extraordinario como es la pirámide.

La obra consta de dos partes: la primera introduce al lector en las teorías chinas e indias, base de las nuevas investigaciones experimentales, y la segunda proporciona al lector indicaciones prácticas sobre los experimentos que puede efectuar, así como las técnicas y las situaciones que permiten sacar el máximo provecho de este instrumento llamado «pirámide».

La aportación de las filosofías orientales

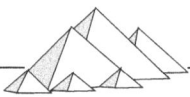

La energía del universo y la del cuerpo

Según la cultura oriental, el universo está regulado por una serie de fuerzas opuestas que, interactuando entre sí, hacen brotar la energía necesaria para cada actividad.

El devenir de todas las cosas, su forma de manifestarse y la manera de actuar del ser humano, dependen de la acción, opuesta pero complementaria, de aquellos factores sobre los cuales ha sido originada la energía del universo: activo y pasivo; calor y frío; luz y oscuridad; estático y dinámico; masculino y femenino; negativo y positivo. Esta fuerza, de la que todo depende, se considera una unidad absoluta, que todo lo mueve e influye en todo.

Esta idea es la base de algunas de las principales corrientes filosóficas del mundo oriental: el taoísmo en China y el yoga en la India, que comparten el mismo concepto de energía, pero con diferentes nombres (Ch'i en China y Prana en la India). Examinar estas concepciones es un primer paso hacia el conocimiento de la acción benéfica de la pirámide.

Ch'i, Yin y Yang

En la cultura china la energía que determina el ritmo vital se conoce con el nombre de *Ch'i* y las dos fuerzas antitéticas que actúan conjuntamente y la producen se llaman *Yin* y *Yang*. El Ch'i representa, según la filosofía taoísta, la energía cósmica, que a su vez deriva de una energía primordial de la que todos los seres vivos están dotados desde su nacimiento: *Jing*. Esta última es una fuerza creadora, cuyas

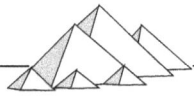

potencialidades son esencialmente positivas (generosidad, respeto, amor, etc.), pero su transformación depende del equilibrio entre el componente Yin y el Yang, variable en cada individuo.

La esfera que normalmente aparece influida por estas dos fuerzas es la emotiva. Cuando no se mueven en equilibrio pueden revelarse a través de estados de angustia, irascibilidad y miedo e, inevitablemente, reducen las potencialidades de Jing. Para mantener alto el nivel positivo de esta energía primaria, según el taoísmo, es necesario armonizar los diferentes tipos de energía emotiva con los órganos fisiológicos asociados con esta energía. Una vez obtenido el objetivo, se pasa a canalizar la energía vital en los binarios exactos.

El Ch'i recorre el cuerpo humano, siguiendo el transcurso de los tres meridianos en los que se divide este, y que se corresponden a los tres niveles existentes en cada individuo: *físico*, *trascendental* y *espiritual*. A través del conocimiento del propio cuerpo, que consiste en la capacidad de establecer la relación necesaria entre lo físico y el ambiente circunstante, el individuo puede percibir su energía vital y dirigirla correctamente hacia el interior del sistema de los meridianos, liberándose así de las tensiones, angustias y estrés que limitan sus potencialidades.

Por lo tanto, es muy importante conocer el recorrido de circulación del Ch'i en el interior del cuerpo: empieza a la altura del ombligo, desde donde esta energía se orienta hacia el perineo, para después salir a través de la columna vertebral y llegar hasta la cabeza. Desde aquí, se dirige hasta la lengua, baja por la garganta y finalmente vuelve al ombligo.

El Ch'i se mueve por el interior del cuerpo a través de los canales; los más importantes se oponen entre sí y se denominan Yin y Yang. El primero cubre la parte delantera del cuerpo y, partiendo del perineo, procede hacia arriba, pasando por el abdomen, el corazón y la garganta, para terminar en la punta de la lengua. El segundo hace lo mismo pero en la parte baja del tórax, para atravesar des-

---

EL TAO

Ideograma chino, traducible imperfectamente como «camino», designa una de las dominantes de la filosofía y de las más antiguas cosmogonías chinas, aprovechada tanto en los escritos confucianos como en los taoístas. En estos últimos, indica el proceso de cambio y el suceso de todas las cosas: es el resultado que se obtiene al ir alternando la pareja de opuestos Yin (principio femenino) y Yang (principio masculino). Esta idea de suceder significa comprender una cosa y al mismo tiempo su opuesto. Se trata de una concepción dinámica y no estática del universo. En la simbología, Yin está representado por la línea rota, mientras que Yang está representado por la línea entera; la relación entre Yin y Yang se representa mediante un círculo, dividido en dos mitades simétricas por una línea curva y coloreado una parte de blanco y la otra de negro.

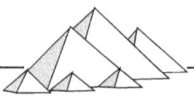

pués la parte posterior del cuerpo, donde, a través del cóccix, pasa por toda la columna vertebral, llega hasta el cerebro y continúa hacia el paladar, para terminar en la lengua. Esta última constituye el punto en el que los dos canales principales, Yin y Yang, se juntan de nuevo.

En su recorrido, el Ch'i produce efectos benéficos en el cuerpo. El organismo obtiene así un nuevo vigor, se regenera eficazmente y mejora de forma notable sus capacidades. Es importante para el mantenimiento del bienestar físico que la energía vital circule con plena libertad a través de los diferentes órganos, sin encontrar obstáculos.

Las prácticas de meditación son fundamentales, ya que, a través de la relajación psicofísica, se favorece el flujo correcto de la energía cósmica en el interior del cuerpo humano.

Durante estas prácticas, descritas detalladamente en la sección dedicada al uso de la pirámide para lograr el bienestar físico, la atención del individuo deberá seguir el recorrido del Ch'i, «tocando» los mismos puntos por los que la energía pasa: se empezará por los ojos para continuar hacia abajo, la lengua, la garganta y después por el pecho y el ombligo; una vez llegado a este punto, se empezará por el cóccix, a través de la espina dorsal, hasta llegar a la cabeza. Para vivir realmente lo que es el fluir del Ch'i y para alcanzar un estado de auténtico bienestar, la mente deberá, de vez en cuando, concentrarse sobre un punto concreto del circuito, interiorizando su imagen.

El taoísmo propone posiciones muy concretas para realizar una meditación correcta (llamada *Asana*), sabiendo que el circuito de energía presente en el cuerpo del individuo es la representación directa en escala de las leyes y de los sistemas que regulan el universo al completo. Así, la energía del Ch'i en los binarios exactos armoniza con la estructura total del macrocosmo, y se funde el todo con el universo.

También en la India está vigente una concepción análoga del cosmos que prevé la existencia de una energía de la que todo depende, y que se conoce con el nombre de Prana.

El taoísmo y la salud del cuerpo

En el taoísmo el individuo se entiende como un conjunto formado por tres partes: cuerpo, alma y espíritu. La gran novedad en el pensamiento taoísta es que también se ocupa activamente del aspecto corpóreo y no sólo del alma y del espíritu. El taoísmo busca el camino para poder ascender a los reinos espirituales, pero también considera que hay que ser creativamente activos en el mundo material.

Los antiguos ensayos taoístas descubrieron que el sistema más eficaz para observar los procesos sutiles de la naturaleza interior del hombre era dominar la mente a través de la meditación. A través de esta práctica se reveló la existencia del Ch'i, lo que llevó hasta el conocimiento de los tres niveles existentes en el hombre: físico, trascendental y espiritual.

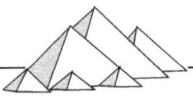

El objetivo principal del Tao Yoga es que el organismo del individuo que aplica los principios de esta disciplina esté sano y sea eficiente. Para conseguir este propósito, es indispensable seguir, durante cierto tiempo, una serie de ejercicios que le ayudarán a sentirse en paz con el mundo y libre de tensiones y estrés. Son fundamentales el conocimiento del propio cuerpo, la autoconciencia de uno mismo, el conocimiento de la relación energética entre el cuerpo físico y el ambiente circundante. Mediante estos ejercicios, el individuo aprende a percibir el Ch'i y a dirigirlo hacia el interior del sistema de los meridianos (meditación de la órbita microcósmica).

En este caso, la energía es positiva, ya que los valores fundamentales como el respeto, la honestidad, la generosidad, en una palabra, el amor por los demás, es una parte integrante de la personalidad del individuo. Cuanto más sano esté el organismo, más se desarrolla el Ch'i, transformándose a través del Tao Yoga en energía espiritual. Todo esto, incluyendo el alma y el espíritu, da sentido a la vida.

El objetivo de la meditación taoísta es la elevación del yo, hacia la unión entre el cuerpo, el alma y el espíritu. Reestructurando el propio yo, el individuo concreta el proceso de transformación de la energía, con la que se determina la formación de un cuerpo metafísico que desarrolla la razón, los sentimientos y la voluntad del propio yo. El Ch'i representa la energía vital, o Jing primordial, presente desde el nacimiento y en continuo desarrollo hasta los veinticuatro años de edad.

Según el pensamiento taoísta, cada individuo nace con potenciales positivos: educación, honestidad, respeto, bondad, virtudes presentes en el ser humano en el momento en que viene al mundo. En el transcurso de la existencia del hombre, este sufre la influencia negativa de una serie de factores, causa de la transformación degenerativa de estos valores.

Viviendo constantemente en situaciones de estrés, surgen estados emotivos nocivos como la angustia, la ira y el miedo. Estos sucesos influyen negativamente en la psique y reducen la energía creativa primaria. Debido a estas aflicciones, que afectan al individuo, sobre todo en la fase juvenil de su existencia, la fuerza vital tiende a agotarse con la consiguiente detención del proceso de crecimiento psíquico. Las emociones negativas se transforman así en «energía sobrante», que debe ser distribuida, ya que la energía emotiva negativa es parte integrante de la energía vital, y al descargarla hacia el exterior, ambas se dispersan.

El principio fundamental de este proceso es que la energía, de cualquier tipo, no puede ser destruida, sólo transformada. Cuando un individuo logra liberarse de la energía negativa, esta será asimilada por otro, quien, a su vez, la descargará sobre otros, y así sucesivamente en un proceso sin fin, hasta que, ulteriormente reforzada, vuelva a la persona de la que salió (nos referimos sobre todo a los acontecimientos en el ámbito familiar). Así, estas emociones negativas proliferarán mientras disminuye de forma notable la energía positiva.

Aprender a transformar la energía negativa en positiva es fundamental. Hay que evitar descargarla inútilmente sobre los otros. Uno de los sistemas más practicados es la *fusión de los Cinco Elementos* (madera, fuego, tierra, metal y agua), que se aprende mediante la meditación taoísta. En la base de esta técnica

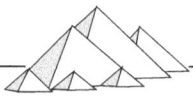

se halla la armonización de los tipos de energía emotiva con los órganos asociados a esta. El objetivo es la toma de conciencia de estas asociaciones y su reconocimiento.

Según la concepción taoísta, el flujo correcto del Ch'i constituye el sistema más eficaz para obtener un estado de bienestar general. Manteniendo nuestro cuerpo con buena salud, será posible transformar el Ch'i en un nivel de energía más elevado. El Ch'i aumentará de manera considerable su potencial, consintiendo al individuo generar más energía para crear y nutrir su alma inmortal. Por lo tanto, hay una relación muy estrecha entre el Ch'i y la salud, y el uno es indispensable para la otra, en una especie de complementariedad imprescindible.

El Tao Yoga

Desde el punto de vista del bienestar psicofísico, el taoísmo presenta una serie considerable de métodos, todos eficaces, que incrementan la fuerza vital. Entre ellos, el Tao Yoga parece ser el más desarrollado y estudiado.

De la misma manera que las emociones negativas tienden a agotar la fuerza vital y reducen la energía creativa, esta última se suele incrementar al cultivar las virtudes.

Las emociones y las virtudes están encerradas en los órganos del cuerpo, pero, por diferentes motivos, pueden perder de forma temporal su funcionalidad. A través del Tao Yoga, se puede recuperar para los órganos enfermos su condición de salud originaria. De este modo, la virtud positiva brotará y el individuo podrá cultivarla para generar la energía necesaria con que alimentar a los órganos vitales.

Los jóvenes acostumbran a preguntarse si disponen de mucha energía vital, pero, paradójicamente, no se sabe cómo esta se puede canalizar en los binarios necesarios. Utilizarla mal, acumularla en exceso, podría provocar desequilibrios y resultar dañina para el bienestar físico. Con el yoga, se aprenden las técnicas más eficientes para transformar el Ch'i en energía sobrante, sin crear excesos nocivos para el organismo.

El conocimiento de nuestro cuerpo, las relaciones entre los diferentes órganos, la capacidad de controlar, concentrar y transformar de negativa a positiva la energía de la que se dispone, son algunos de los objetivos primarios del Tao Yoga. «Cultivar las virtudes positivas» es el concepto base sobre el que se fundamenta esta disciplina. El sistema en su totalidad depende de la energía del amor y de los otros sentimientos positivos, como la alegría, la cortesía, la amabilidad, el respeto y la honestidad.

El pensamiento taoísta mantiene que la bondad, la voluntad de armonizar con los demás y una índole pacífica y tolerante, son valores fundamentales. Por ejemplo, si se es amable, también el hígado se ve favorecido con este acto, puesto que está asociado con el sentimiento de la amabilidad. El hígado se fortalece

al darle fuerza vital. Así, cuando se hace el bien a los demás, se hace el bien a uno mismo, obteniendo beneficios psicofísicos. El yoga ayuda a cambiar, donde es necesario, la relación con los demás y a adquirir una actitud positiva, de apertura y no de cerrazón.

Practicando el Tao Yoga, restituimos el flujo de nuestra energía creativa en los órganos y glándulas, de modo que se refuerza el cuerpo debilitado y se aumenta el Ch'i. El desarrollo de una mayor fuerza vital favorece la transformación de la ira, el miedo, la tristeza, la depresión y otros estados emocionales negativos en energía positiva.

La energía de la mujer

En la concepción taoísta, la mujer tiene una función muy relevante en diferentes aspectos. Su vasto potencial energético, se muestra de diferentes formas. Es de gran importancia la energía sexual de la mujer, que se transforma, si está bien dirigida, en energía reproductora, creativa y generadora. El taoísmo dedica una gran atención al universo femenino y, en particular, a sus problemas sexuales, además de a una correcta relación con su pareja, gracias a la cual, la fuerte vitalidad de la que dispone puede transformarse en energía positiva.

Ya hemos visto que, en la concepción taoísta, la originaria fuente energética se llama Jing, energía primaria desarrollada sobre todo en la juventud. Sucesivamente, el Jing está presente en grandes cantidades en cada ser humano y se transforma en Ch'i o energía vital. En las mujeres Jing, tiene una función fundamental en la producción del óvulo, de la mucosa uterina y de las hormonas. Gracias a su acción, el organismo femenino suministra a los óvulos su peculiar capacidad reproductora, que luego será transmitida de generación en generación.

Hombres y mujeres están dotados de otro tipo de energía, la sexual, que les permite conservar el Jing o revitalizarlo, en el caso de que tuviese que dispersarse. Esta energía sexual tiene como característica principal el poder incrementarse, con lo que el Jing estará continuamente alimentado, para poder transformarse en Ch'i. Será necesario que esta energía sexual sea dirigida hacia los binarios necesarios, si no se desviaría y no respondería a sus funciones.

Se sabe que las hormonas son las causantes de algunos rasgos individuales como el timbre de la voz, la formación de los senos o la aparición de más o menos cantidad de pelo. En la mujer, gran parte de estas hormonas se gestan en los ovarios, que contienen la energía vital. Estos órganos producen energía sexual que, bien canalizada, alimenta y recicla la energía vital.

Asume una gran importancia, para tal fin, la llamada *Respiración ovárica*. Esta técnica tan específica (para realizarla, aconsejamos consultar a un experto) hace que la energía producida se libere y se acumule. Está presente el Yang, el componente activo del organismo femenino, que se opone al Yin, el pasivo. Entre Yang y Yin hay un intercambio energético, después de la ovulación y antes de las

menstruaciones, que determina una notable disminución de la potencialidad femenina. Esto se debe a que, con el flujo menstrual, se expele la fuerza activa y se asimila la pasiva. Para evitar que con las menstruaciones el Ch'i se disperse, interviene la respiración ovárica que, si se practica con una cierta constancia, logra absorber y conservar la energía vital. Mediante este procedimiento la energía sexual se transforma en Ch'i.

La respiración ovárica también hace que la duración del flujo menstrual se reduzca (es necesario precisar, que en un segundo momento puede reactivarlo sin problemas, simplemente con la suspensión de la técnica). Reduciendo el flujo menstrual se eliminan también los problemas fisiológicos que este conlleva, y se evita dispersar la energía sexual que, gracias a la respiración ovárica, se conserva y transforma en energía más pura, capaz de prolongar, en las mujeres, la juventud, y retrasar el tan detestado envejecimiento.

¿Un remedio milagroso? No. Solamente es el efecto de una práctica experimentada sucesivamente en el transcurso de los siglos por numerosas mujeres que, con el Tao Yoga, han descubierto que pueden mejorar y revitalizar, a través de la energía sexual, el sistema nervioso, las capacidades cerebrales y la memoria.

LA BÚSQUEDA DE PLACER

La cultura oriental da una gran importancia al placer, entendido como satisfacción de la propia existencia. Vivir de manera agradable es fundamental para lograr la serenidad interior, e indispensable para conseguir un perfecto equilibrio psicofísico. Obtener placer en la vida también significa hacer funcionar de la mejor forma posible los órganos, conseguir una salud compatible con las dificultades objetivas de la vida. Evidentemente, también la potencialidad espiritual aporta un gran beneficio a la tranquilidad del yo individual y, por lo tanto, del placer.

En el taoísmo, el placer se une a la fuerza energética que aumenta la vitalidad de los hombres. Se distinguen dos tipos de placer: positivo y negativo, y definidos como «energía adquirida» y «energía gastada». Sin detenernos en los aspectos perjudiciales del placer, como el consumo de drogas o alcohol, también hay distracciones aparentemente inofensivas que practicadas habitualmente resultan dañinas porque la energía se dirige hacia el exterior y no hacia el interior.

Escuchar música durante demasiado tiempo, mirar la televisión en exceso, utilizar sin moderación aquellos instrumentos que la sociedad actual pone a nuestra disposición para satisfacer, de manera engañosa, los deseos de los individuos, son elementos que producen tensiones, y hacen que se agote la fuerza vital. La satisfacción de estos instrumentos es engañosa e ilusoria. La verdadera felicidad, la auténtica satisfacción, nace de la paz interior y de la tranquilidad del alma.

(continúa)

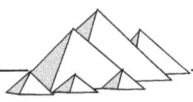

Cuando un individuo cree estar liberado del estrés y decide dedicarse a una de esas actividades aparentemente satisfactorias, dirige parte de la energía de la que está dotado hacia el evento que llama su atención. Se siente relajado, pero en realidad esta desperdiciando su energía y, al mismo tiempo, genera energía negativa. Para transformarla en positiva deberá contar con los medios necesarios pero, si la acumula en exceso, corre el riesgo de agotarla. Con estas distracciones efímeras sólo se satisfacen las necesidades de forma parcial, ya que solamente están implicadas una o dos cada vez. Sin embargo, el individuo es una totalidad, un conjunto de órganos inseparables. Cuando se satisface uno, se satisface también a los otros, por ello la felicidad que se obtiene nunca es completa.

Órganos y sentidos son inseparables y, cuando se separan, disminuye la armonía y prevalece la discordia y el desequilibrio. Quien intenta buscar alegría y felicidad fuera de sí mismo, respondiendo a las exigencias y a las necesidades del cuerpo antes que a las de la mente y del espíritu, se equivoca. La felicidad y la satisfacción están en uno mismo.

El yoga interviene en este punto, ayuda a que la energía disponible vuelva al interior, de manera que esta no se pierda. Así, gracias a la energía adquirida y positiva, los órganos se reforzarán y serán capaces de controlar, satisfacer y, sobre todo, equilibrar los sentidos.

La aportación de la filosofía hindú

Antes de examinar el Prana, que podría definirse como el equivalente indio del Ch'i chino, hay que analizar algunas de las características más profundas de esta filosofía, que la han hecho tan diferente de la occidental.

La filosofía hindú nunca ha sido concebida como una integración de cualquier otra ciencia o arte: es absolutamente independiente de cualquier actividad alumbrada por el género humano.

Esto es así porque la vida en la India estaba y está imbuida por una fuerte espiritualidad y, por lo tanto, se considera que la filosofía tiene su origen en la vida y vuelve a la vida. Concentra todo su interés en las viviendas de los hombres más que sobre las soledades celestes. Por otro lado, las grandes obras de la filosofía india están del todo privadas del carácter extremadamente culto y elitista de la filosofía occidental. Su gran mérito es ser capaz de acercar e interesar a las grandes masas en los problemas relativos a las cuestiones metafísicas.

En la India, la filosofía centra su interés en el hombre; el espíritu, que es el centro de cada cosa, está dentro de cada uno. Y para consentir al ser humano «viajar» por el interior de su *ego*, la cultura hindú otorga una función preeminente a la capacidad de concentración, el instrumento para la percepción de la verdad.

> *El yoga*
>
> *El significado literal del término yoga es «unir», «uncir», en el sentido de transformar en una unión indisoluble la mente y el cuerpo y tener bajo control todo lo que distrae del camino ascético de la identificación del yo con el todo. Existen varias corrientes de yoga que se distinguen en «cómo» uncir: el Hatha Yoga, con la fe; el Karma Yoga, con el camino de la acción; el Laya Yoga procede a través del camino del sonido; el Mantra Yoga, con la repetición de fórmulas y sonidos; el Yantra Yoga, con la visualización; el Tantra Yoga aprovecha la energía de las nadi y de los chakras, y el Raya Yoga sintetiza los otros caminos.*

Se entiende que no existan niveles de vida o de espíritu que no puedan ser alcanzados por el individuo a través de un adiestramiento metódico de la voluntad y del conocimiento. Entre el espíritu y el cuerpo hay una estrecha conexión y su identidad puede conseguirse siempre: anulando la ignorancia y haciendo salir la fuerza de voluntad. La cultura india no considera anormales y mucho menos milagrosas experiencias psíquicas como la telepatía y la clarividencia, puesto que son poderes que los seres humanos pueden adquirir y que la mente puede manifestar en ciertas condiciones.

La filosofía hindú (y el yoga en particular) se ocupa de estas experiencias y de los tres niveles en los que está dividida la mente humana: subconsciente, consciente e inconsciente. Esta doctrina se opone a la filosofía occidental, que sólo examina el estado de vigilia, y no estima dignos de consideración ni el sueño ni el sueño sin sueños.

Las concepciones de la existencia del pensamiento hindú son amplias e impersonales y, por eso, alguna vez ha sido omitido por ser demasiado idealista y contemplativo.

El Prana hindú

El *Prana* es la respiración («el soplo vital») que constituye la esencia de la vida. No es el caso del *yoga*, una de las principales disciplinas características de la cultura hindú cubierta por el *pranayama*, es decir, por el control de los actos respiratorios.

Además, los centros de energía vital, los *chakras*, asumen una función importante. Están presentes en el organismo, se unen a través de las *nadi*, es decir, los canales de deslizamiento del soplo vital, que, transportan la energía por Prana y Ch'i y siguen principios similares que se basan en la circulación correcta de las energías en el interior del cuerpo humano.

El Prana está constituido por cinco corrientes energéticas. Cada una de ellas actúa sobre una parte del cuerpo y dirige importantes funciones vitales. La primera es el *Prana*, y se ocupa de la fase inspiratoria y actúa a través de la nariz y la boca. Mediante esta fase, el ser humano engloba dentro de sí mismo, la energía del universo. La segunda corriente es la *Apana*, responsable de la fase espiratoria, que regula las funciones de evacuación, eyaculación y la del parto. Con esta, el individuo conserva la energía procedente del cosmos introducida a través del Prana. El *Samana*, recorre la parte media del cuerpo, representa la tercera corriente energética del Prana y es responsable a nivel fisiológico de la distribución de las sustancias nutritivas en el cuerpo, y de la regulación de la temperatura corporal, mientras que, a nivel general, dirige la difusión de la energía cósmica por todo el organismo. La cuarta corriente es el *Viyana*, que regula la circulación de la sangre y el metabolismo, contribuyendo además, junto al Samana, a la difusión de la energía. Finalmente, *Udana*, la quinta corriente energética del Prana, preside las funciones pulmonares, la deglución y la disolución de la energía.

El Prana, al igual que el Ch'i del taoísmo, está considerado la encarnación de la energía del universo en el ser humano, principio primordial y esencia de la vida misma, gracias a la que el organismo regula sus funciones y el cuerpo manifiesta sus acciones y reacciones.

En cuanto al soplo cósmico original, el Prana es la fuerza vital a la que el universo debe su expansión y al mismo tiempo su contracción. Representa la energía vital que encuentra su manifestación en la respiración, sobre la que se funda la existencia. El concepto inicial del soplo se desarrolla en la fuerza generativa y conocedora, matriz del cosmos y fuente de todas las facultades humanas.

El control de la respiración

En este punto resulta fundamental el control correcto de la acción respiratoria, instrumento capacitado para atraer la fuerza cósmica. Como estimación, existen técnicas particulares que pueden realizarse con cierta facilidad, y que se basan en el control de la respiración.

La más importante prevé la inmovilidad del individuo durante la respiración y su control. Pero inmovilidad no significa pasividad: el individuo debe estar bien presente y vigilar que todo esté bajo control, evitando movimientos que puedan resultar dañinos y contracciones musculares. La estática del cuerpo se opone al dinamismo de la respiración. El individuo, inmóvil pero consciente, debe conseguir un estado de relajación absoluta, escuchando su propio cuerpo. Así podrá dirigir el Prana por las diferentes partes del organismo.

Según la posición que haya adquirido el individuo en el transcurso de la respiración, con independencia de la técnica seguida, el Prana se dirigirá hacia las partes del cuerpo que ofrezcan menor resistencia.

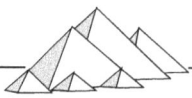

En general, la inspiración, primera fase de la respiración, en la que se introduce el soplo vital en el organismo, se realiza de un modo no natural, sino forzado, es decir, el individuo, al dirigir la respiración hacia puntos determinados, debe superar las resistencias que surgen al pasar por el Prana, y que han sido causadas por la posición adoptada. Cuanto más forzosa es la inspiración, más se facilita la espiración. También en la fase espiratoria la inclinación natural de la respiración se acentúa y se refuerza, pero nunca con violencia o de manera brusca.

Este tipo de acción respiratoria se efectúa durante algunos minutos, hasta que se nota una sensación de calor, señal de la eficacia de la técnica adoptada.

Fundamentalmente, la respiración ha de tener un ritmo: es necesario equilibrar de la manera más rigurosa posible la duración de la inspiración y de la espiración, realizando los movimientos con tranquilidad. Así se logrará una respiración lenta, dulce, bien equilibrada, potente, muy eficaz para recargar el organismo de vitalidad y dinamismo. Este tipo de respiración permite una mayor relajación muscular y mental.

El Nirvana

En la tradición oriental, el Nirvana está considerado el último estadio de la perfección, la meta final a la que aspiran las tres principales religiones hindúes (budismo, jainismo e hinduismo).

La perfección, para un ser humano, es conseguir la unidad entre su ego y el yo cósmico, conseguir una perfecta identidad con todo lo que existe, ha existido y existirá. En la existencia no hay egoísmo, ni tiempo, está llena de confianza, paz, calma, beatitud, pureza y felicidad; pierde sus connotaciones de finura y adquiere las de la eternidad, transcendiendo en la materia. El Nirvana no está

El significado de la palabra **NIRVANA**

Literalmente, la palabra nirvana *significa «apagar» o «enfriar», dos términos que, aunque son similares, en realidad no son sinónimos: «apagar» se asocia con la extinción total y verdadera, mientras que el término «enfriar» atenúa el concepto, sugiriendo la idea de desvanecerse una pasión violenta. Estos dos significados del término* nirvana *se consideran los dos aspectos, negativo y positivo, del mismo estado final del ser, cuya descripción, desde un punto de vista conceptual, resulta bastante difícil.*

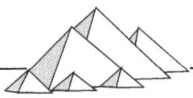

definido por Buda, por lo tanto es el principio radical de cada cosa y por eso mismo indefinido. Comparado con el sueño profundo, el alma en este estado pierde su individualidad, sumergiéndose en una totalidad subjetiva.

En el viaje que uno realiza dentro de sí mismo, en la búsqueda de la relación entre el yo interior y el yo que se manifiesta, entre el ámbito material y espiritual, el ser humano tiene como objetivo conseguir la beatitud, la perfecta tranquilidad interior y el equilibrio psicofísico justo: todo esto es el Nirvana.

La cultura hindú y la concepción budista en particular no identifican el Nirvana con una beata intimidad con el Señor; se refieren a que tan sólo hay que perpetuar el deseo de vivir. Esto representa la extinción de fuegos perversos como la codicia, el odio y la ignorancia; y no apagar toda existencia, sólo la de aquellos deseos falsos y engañosos que condicionan de forma negativa el alma humana, impidiéndole conseguir la serenidad interior.

Alguna vez el Nirvana ha sido divido en dos géneros distintos: la *Upadhisesa*, en la que se apagan las pasiones humanas, y la *Anupadhisesa*, donde se disuelve cada tipo de existencia. Se trata, pues, de la diferencia existente entre la condición beata de aquellos en los que la vida externa continúa, pero las pasiones han sido extinguidas del todo, y la condición de aquellos a los que la vida terrena, por el contrario, cesa definitivamente. Cuando se afirma que alguien ha conseguido el Nirvana en este mundo, entonces habrá obtenido la Upadhisesa Nirvana.

La distinción entre Upadhisesa y Anupadhisesa es análoga a la distinción que hay entre el Nirvana y el llamado *Parinirvana*, correspondiendo el primero a la extinción parcial y el segundo, a la extinción total, sucesiva a la última reencarnación. Es más, analizando el concepto desde un punto de vista filosófico, se dice que el Parinirvana no puede significar el absoluto, el «no ser»: eso solamente denota la absoluta perfección del ser.

Por otro lado, según la palabra de Buda, la liberación final no es otra cosa que un flujo de estados de conciencia exentos de culpabilidad. Es una meta, un reposo mental, libre de todo esfuerzo y de todo conflicto: la extinción de las tendencias malvadas, acompañada por un simultáneo progreso espiritual.

Volviendo a la concepción del Nirvana, algunos ensayos insisten en el significado de extinción total, que sería cesar todas las actividades y cada transformación. Pero eso, se contrapone con las consideraciones de muchos otros estudiosos del budismo, según los cuales, por el contrario, no hay un solo trozo o paso relativo al Nirvana por el que se deba retener que su significado sea aniquilamiento. Esto representa la complejidad del ser, la beatitud eterna que va más allá de las alegrías y los dolores del mundo. Siguiendo este principio de desaparecer, en este se incluiría la falsa individualidad, mientras que lo verdadero permanece y no se extingue.

El Nirvana es la meta de la perfección y no el abismo de la aniquilación. Con la lucha espiritual se produce la abolición de todo lo individual del ser humano, y se permite a cada uno entrar en comunión con la unidad cósmica, siendo también parte integrante del gran fin universal.

La individualidad es una combinación de ser y no ser: es decir, teniendo como base cualquier cosa real, representa una simple ilusión, una apariencia que muy pronto se disolverá. Mientras que lo real, la base concreta y llena sobre la que la ilusión se fusiona, permanecerá.

El ser humano ve el mundo a través de las formas y las semejanzas asumidas por sus ojos: tan sólo son las formas que pueden llegar a conocerse, y no la verdadera esencia del mundo. En cuanto a la forma, el mundo terreno es una transformación y, como consecuencia, puede tener un final. Por eso, surge y se desvanece. Nunca hay que olvidar que la forma se basa y se rige en el ser. Además de ser eterno, el ser nunca puede tener un final.

En el transcurso del conocimiento y de la cancelación de la ignorancia, el mundo, es decir, sus formas, se nos puede deshacer y subir a la verdadera esencia cósmica, la eterna. Y el Nirvana es una eterna condición del ser, en cuanto a que no es algo construido y limitado. Sus expresiones cambian, pero el ser permanece, pero no sujeto al nacimiento o a la decadencia.

Según algunas tesis, lo que existe es la corriente del ser, que fluye con tranquilidad y beatitud, pero el viento de la ignorancia sopla sobre ella, agitando su sueño. El alma durmiente se despierta y su decurso, tranquilo y sin obstáculos, se interrumpe. El alma se despierta, piensa, construye una individualidad y se aísla de la corriente del ser. El Nirvana es el regreso a la corriente del ser, retoma el deslizamiento de forma ininterrumpida. La calma es absoluta, ya que el sueño profundo derriba las barreras que se interponen en el fluir de la corriente del ser.

El Nirvana es una condición que va más allá de las relaciones de sujeto y objeto, en la que no hay ninguna marca de autoconciencia. Es una condición real y duradera, que no pertenece a las dimensiones del tiempo y del espacio. Sobrepasa todas las descripciones, por lo que es también el horizonte del pensamiento humano: por eso, cuando se intenta describir, se utilizan términos negativos, los propios de la condición humana.

En el Nirvana la conciencia individual entra en un estado en el que se disuelve cada existencia relativa, limitada y parcial. Podría decirse que es extinción de uno mismo, o también la absoluta libertad separada de los confines que limitan la existencia terrena y material.

Muy a menudo el Nirvana, y en particular la condición a que este se refiere, se considera cualquier cosa pasiva e inmóvil. Esta idea, por otro lado, nace en una época en la que la vida se ha vuelto frenética, sometida a ritmos inaguantables y a situaciones de estrés. Quizás es obvio que las esperanzas de los hombres, cansados de llevar una existencia tan agitada, se dirigen a otros objetivos más tranquilos, capaces de producir calma y serenidad.

Por todo esto, algunos consideran el Nirvana vacío y hueco, la llamada noche de la nada, la oscuridad en la que cada luz se apaga. Pero, como ya hemos visto, esta idea ha sido refutada ampliamente. El mismo Buda nunca ha hablado de aniquilamiento o extinción y rechaza contextualizar en términos terrenos el significado de la condición Nirvana: el Nirvana es un estado de perfección, incon-

cebible e indefinible para los seres humanos. Por lo tanto, se debe a seres conscientes el hecho de que cada respuesta y cada descripción será el resultado, en el mejor de los casos, de una estimación orientativa.

Los chakras

Los *chakras* (del sánscrito «rueda», es decir, «vórtice de energía») son centros que recogen energía vital de diferentes partes del cuerpo humano. Algunos residen en el organismo y se anteponen a la regulación de varias funciones corporales, otros están en la mente y se ocupan de las funciones superiores del intelecto y algunas potencialidades cerebrales no expresadas.

El objetivo de cada individuo debe ser optimizar y potenciar el funcionamiento de los antepuestos a la regulación del cuerpo y de activar los presentes en la mente para desarrollar las capacidades intelectuales de orden superior.

En el cuerpo humano los chakras principales, directamente unidos con los centros superiores del cerebro, son siete, aunque si desde nuestro punto de vista son seis, vendrán activados de una forma muy efectiva, a través de las técnicas de meditación. El séptimo, el chakra Sahasrara, se asimila en este aspecto al Ajna y no recibirá en este libro un trato especial.

- El primer chakra es *Muladhara*, está situado en la región de la pelvis, se encuentra en el hombre entre el orificio urinario y el excretor; en las mujeres se ubica en la parte más baja del útero. En el ámbito de la evolución superior, la espiritual, que conduce al individuo de la conciencia animal a la humana, el Muladhara es el primer chakra y, naturalmente, el último en la conclusión de la evolución animal. Controla las funciones excretoras y sexuales (de supervivencia).
- El segundo chakra, *Svadhisthana*, se encuentra en el punto más bajo de la médula espinal, a la altura del plexo coccígeo. Controla el inconsciente del hombre.
- El tercer chakra es *Manipura*. Está en la columna vertebral, a la altura del ombligo, y corresponde al plexo solar. Es responsable de los procesos digestivos y de aquellos de asimilación, y también de la regulación de la temperatura corporal.
- El cuarto, *Anahata*, en la columna vertebral, a la altura del esternón, corresponde con el plexo nervioso cardiaco. Controla las funciones del corazón, de los pulmones, del diafragma y de todos los órganos de esta parte del cuerpo humano.
- El quinto chakra, *Visuddha*, situado en la columna vertebral a la altura de la garganta, corresponde al plexo faríngeo y controla el funcionamiento de las tiroides y de algunos sistemas articulatorios como el paladar y la epiglotis.
- El sexto y más importante chakra es *Ajna*, ubicado en la parte central del cerebro. Se corresponde con la glándula pineal y controla la mayor parte de los

comportamientos más importantes del hombre, además del sistema muscular y toda la actividad sexual. Representa el centro del mando y tiene el control global de todas las funciones de la vida del individuo.

• El séptimo chakra es *Sahasrara* y tiene su sede en la hipófisis: sus funciones son similares a las del *Ajna*.

Los chakras son los lugares en los que se crean los estímulos, mediante los cuales se hace circular a la energía vital y provoca el despertar de aquellas sensaciones adormecidas o que todavía no han sido expresadas. La energía adquirida en estos centros llega a todos los órganos y a los centros más elevados del cerebro.

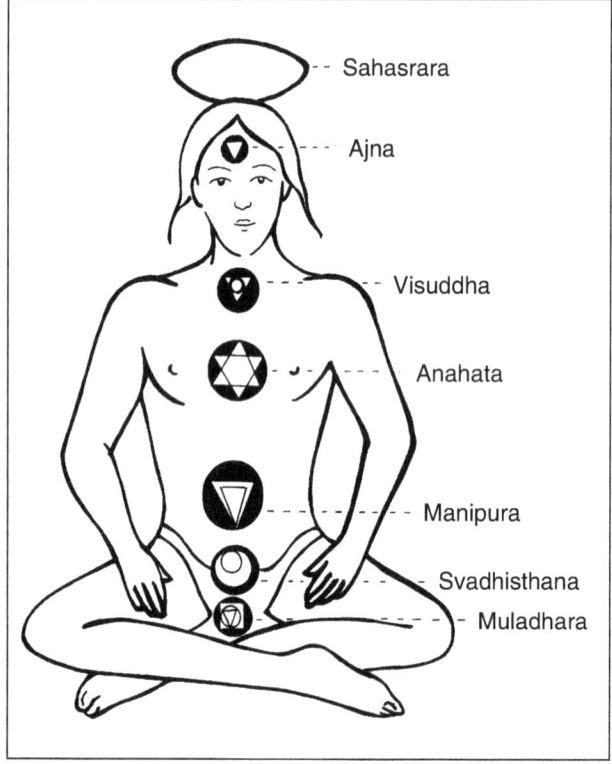

La localización de los siete chakras más importantes del cuerpo humano

Las nadis

En el cuerpo humano hay unas 72.000 *nadis*, que transportan la energía por todo el organismo. En el interior de esta inmensa red, hay diez canales principales y, de estos, tres son los más importantes porque controlan el flujo del Prana y de la conciencia. Estas nadis o «canales» principales son conocidas con los nombres de *Ida*, *Pingala* y *Sushumna*.

Tienen su origen en el primer chakra, el Muladhara. De aquí, Sushumna fluye hacia arriba, al interior de la médula espinal, mientras que Ida y Pingala fluyen por la superficie externa, la primera por la izquierda y la otra por la derecha. Después se cruzan a la altura del chakra Svadhisthana y, continuando hacia arriba, toman direcciones opuestas para encontrarse después en el chakra Manipura. A la altura de cada chakra, las nadi se cruzan hasta que se unen al llegar al último chakra.

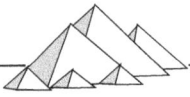

Ida, Pingala y Sushumna

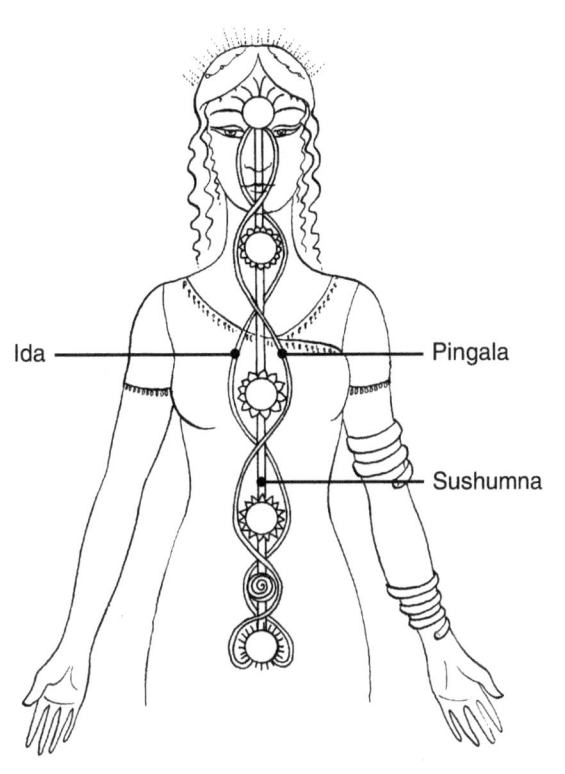

La nadi Sushumna constituye el canal central que recorre el interior de la columna vertebral. Se interesa por despertar la conciencia espiritual, por lo que se considera la nadi superior, la que va más allá de lo humano. A su alrededor, se cruzan Ida y Pingala que constituyen los dos polos laterales: entre ellas hay la misma relación que existe entre la luna y el sol, los símbolos con los que estas se representan: Ida es la energía femenina y controla todos los procesos mentales, mientras que Pingala simboliza la masculina y preside todos los procesos vitales, dinámicos y fisiológicos. Ida y Pingala son similares a Yin (Ida) y Yang (Pingala).

Estos canales permiten que la conciencia se despierte y conduzca el potencial energético recibido por el cosmos a los órganos del cuerpo. Cuando el despertar sucede en la nadi llamada Pingala, se activa el Prana y se estimulan los poderes dinámicos del hombre. Cuando, por el contrario, el despertar de la conciencia tiene lugar en la nadi Ida, entonces se manifiestan los procesos mentales más elevados.

Cuando Ida y Pingala son activadas a la vez, se verifica el despertar de la tercera nadi, Sushumna, al mismo tiempo que todos los chakras. Despertar a Sushumna significa despertar a todos los chakras.

Cuando esto sucede, es decir, cuando se activan todos los chakras, se iluminan todos los estadios de la vida.

El sistema tántrico

Para activar todos los centros que conducen la energía, la tradición oriental, y la hindú en particular, hace referencia al sistema tántrico, basado en *mantra*, *yantra* y *mandala*. Para comprender a fondo estos tres instrumentos es necesario adentrarse en la iconografía de la cultura oriental, rica en símbolos que adquieren una gran importancia, fundamentalmente en cuanto a la relación universo-individuo, así como entre el yo exterior y el interior.

EL TANTRA

Tantra *significa «trama» o «urdido», conceptos que hacen alusión a tejer con un telar y, metafóricamente, al texto escrito. El sistema tántrico está unido al yoga y se caracteriza por dedicarle una atención especial al erotismo. Se interesa por la potencia creadora femenina Shakti en conexión con la energía masculina. La purificación del cuerpo se obtiene con la práctica de las asanas (posturas), de las mudras (gestos) y del pranayama (respiración).*

En la búsqueda del propio bienestar, interiorización y meditación, representan los momentos clave del «viaje» dentro de uno mismo; para favorecer la práctica se utilizan soportes sonoros y visibles para que la mente se libere de pensamientos dañinos y se concentre en el objetivo.

En la tradición hindú, asumen un puesto destacado los diagramas simbólicos articulados bajo la forma geométrica lineal, como los yantra, o más complejos, como los mandala. Estos símbolos, mediante procesos de evocación, permiten al individuo asimilar las energías que lo invaden en todos sus niveles, humano y cósmico, físico y psíquico, sagrado y profano.

El esquema geométrico del misterio del existir, el yantra, recurre a una simbología polivalente, cuyos elementos básicos son: el punto, el triángulo, el círculo y el cuadrado. Se concibe como una composición geométrica dinámica en la que la energía aumenta en proporción a la abstracción y a la precisión del diagrama.

En la realización de un yantra, visualizando los símbolos que representa, es mejor establecer, activar y controlar aquellas energías de las que dependen los fenómenos universales y que unen al individuo con el cosmos, situándolo en el centro de este.

El mandala contiene en su contexto geométrico figuras, objetos, ambientes y detalles también minuciosos que hacen más compleja la composición. A través de su representación mental, así como con el yantra, el individuo intenta visualizar el misterio de la existencia y de sus transformaciones. Para superar los límites del espacio y del tiempo, el mandala consta de varias partes; cada una representa un símbolo legible en diferentes niveles: en el exterior, destaca el cinturón de

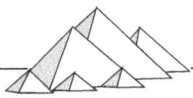

fuego, que defiende de las potencias negativas y, al mismo tiempo, es símbolo del saber (el fuego que quema la ignorancia); en el interior, el cinturón de diamantes, que evoca la pureza, la estabilidad, la conciencia suprema y la iluminación (a su vez, los símbolos de muerte que lo caracterizan representan el aniquilamiento de lo profano), y el cinturón de hojas y pétalos, símbolo del renacimiento espiritual realizado.

Después de estos cinturones, a los lados del gran cuadrado del mandala, se encuentran cuatro puertas, que se corresponden con los cuatro puntos cardinales, separan el espacio sagrado del profano y están vigiladas por divinidades guerreras que acobardan a aquellos a los que todavía les está impedido el acceso.

Para animar los símbolos figurativos (yantra y mandala) intervienen instrumentos llamativos basados en el sonido y en la vibración: se trata de los mantra, fórmulas místicas e invocaciones de carácter simbólico, centradas sobre el valor cultural de la palabra. Están representadas por ondas sonoras que permiten a la energía primordial condensarse en las diferentes formas del ser. Utilizando una entonación justa y manteniendo el ritmo correcto en la respiración, los Mantra son el instrumento ideal para activar las potencialidades físicas latentes y desarrollar estados de consciencia transcendiendo en la normal condición humana.

El método relativo de la práctica del mantra se considera menos potente, pero dulce y sin riesgos. Conlleva tener mucha paciencia y se basa en la repetición constante y prolongada del sonido (cuanto más se repita, mayor eficacia se obtendrá). De este modo penetra en todas las zonas del cerebro y purifica completamente al individuo desde el punto de vista físico, mental y emocional.

Otro método es el llamado *tapas* (literalmente, *rigidez*), que consiste en un proceso psicológico, o psicoemocional; se trata de un acto de purificación, a través del cual el individuo intenta eliminar las malas costumbres que generan debilidades e impiden el despertar de la voluntad.

Muy importante para el despertar de la conciencia es también el sistema llamado *Samadhi*, es decir, la búsqueda del equilibrio en la mente. A través de la concentración y la meditación, el ser humano intenta realizar la fusión completa entre la conciencia individual y la superconciencia. Concentración y meditación son procesos mentales en serie y anticipan la comunión entre ellos. Obteniendo esta última se puede despertar de la conciencia en su globalidad y adquirir la energía del universo y transmitirla a todos los órganos del individuo.

La palabra, el lenguaje, el dibujo y los sonidos representan la potencia ordenadora del cosmos, donde concurre la esencia del existir. Del resto, el pensamiento no es otra cosa que el sonido en potencia no expresado. Cuando se transforma en palabras, y se articula en el lenguaje, se origina el mundo al concretizar las cosas mediante su denominación.

Los chakras en detalle

Los chakras tienen una importantísima función y es indispensable profundizar en su significado, así como en los seis que describiremos a continuación.

El chakra Muladhara

Se considera a este chakra el centro psíquico de base. El término Muladhara está compuesto por las palabras *mula*, que significa «raíz», y *adhara*, que quiere decir «base». Se localiza en los hombres entre los orificios urinario y excretor, y en las mujeres en la raíz posterior del útero.

Muladhara es la base de la gran naturaleza, la responsable de la evolución de la conciencia y de los estados más elevados y es también la sede del gran potencial energético, *Kundalini*, donde yace adormecido (su símbolo es el de una serpiente que duerme enroscada).

El renacer del chakra Muladhara es de gran importancia, porque permite que puedan resurgir todas las potencialidades energéticas del individuo. Muladhara está considerado uno de los chakras más importantes, aunque también es potencialmente peligroso por su alto contenido energético y sexual. Por este motivo debería renacer después de Ajna, el centro de mando.

De Muladhara surgen las tres principales nadis ya examinadas: Ida, Pingala y Sushumna.

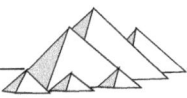

> ## Kundalini
>
> *Kundalini es la divinidad femenina capaz de transformar la unidad del universo en una multiplicidad de formas. En el hombre simboliza las potencialidades energéticas todavía latentes. Representada como víctima del sueño, simboliza la ignorancia de los seres humanos que, seducidos por las pasiones mundanas, olvidan su verdadera naturaleza. Adormecida a la altura del Muladhara, el chakra base, Kundalini obstruye la entrada del Sushumna, el canal donde se juntan Prana y Apana que, encontrándose, representan el reencruentro de la unidad cósmica. El objetivo primario es volver a despertar a Kundalini y hacerla ascender desde Muladhara hasta el Sahasrara, el loto de mil pétalos, situado en lo alto de la cabeza. Aquí se realizará la superación de la multiplicidad fenomenal, fuente de la disgregación universal, y se reconstituirá la unidad perdida. Recorriendo en sentido contrario el camino que había provocado la manifestación de la pluralidad material, Kundalini asciende a los diferentes chakras en virtud de las técnicas ejercitadas por el yogui, que producen ciertos efectos en las posturas y en el control de la respiración. De este modo, el yogui puede recibir aquellas potencialidades sobrenaturales de las que dispone, aunque están en estado latente. Gracias a estas fuerzas energéticas, irradiadas por la divinidad a través de los chakras, expande, además, los propios limites de la conciencia, conduciéndola hasta llegar a la suprema conciencia. En ese momento, está preparado para renunciar a su individualidad para reunirse con la consciencia cósmica, al igual que Kundalini se reúne con su compañero Shiva. Así se obtiene la identidad renovada entre Atman y Brahman, en la base de cada camino del yoga.*

Respecto al chakra, Ida se expele por el lado izquierdo, Pingala por el derecho y Sushumna por el centro.

El chakra Muladhara está unido directamente con el sentido del olfato (la nariz) y la concentración sobre esta parte del cuerpo representa uno de los sistemas para su renacimiento. Este evento lleva a la superficie diferentes situaciones que se encuentran en el inconsciente, aunque su duración es limitada.

En el renacimiento de este chakra se unen fenómenos como la levitación o la separación del cuerpo físico del cuerpo astral. Además, con el renacimiento de Muladhara, a menudo salen a la superficie todas las emociones acumuladas, como la ira, la lujuria, la pasión y así, sucesivamente. Por lo tanto, será necesario tener una preparación adecuada antes de afrontar estos sentimientos para no encontrarse incapacitados a la hora de enfrentarse a situaciones que podrían resultar peligrosas. Es necesario poder contar con la ayuda de un guía que esté bien informado y que sea experto en la materia para que todo esté bajo control.

Finalmente, hay que recordar que Muladhara es el más elevado de los chakras llamados inferiores, y es el punto más alto de los centros psíquicos animales (Atala, Vitala, Sutala, Talatala, Rasatala, Mahatala y Patala). Cuando la conciencia animal

se desarrolla, llega hasta Muladhara, donde predominan las pasiones y los instintos animales principales. Por lo tanto, Muladhara es, al mismo tiempo, el más alto de los centros inferiores y el primero de los superiores: es, al fin y al cabo, un punto de unión entre las dos categorías, en el que tiene lugar la evolución de la conciencia.

El chakra Svadhisthana

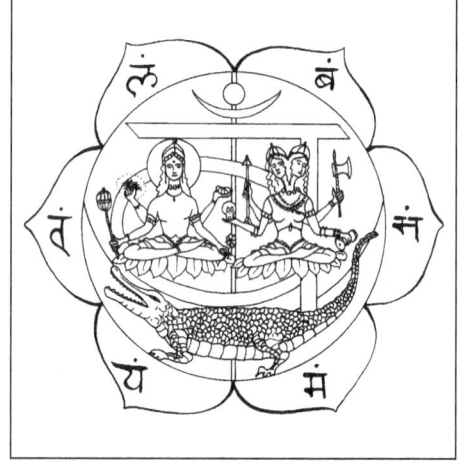

Chakra de una importancia fundamental para el renacimiento de Kundalini (la serpiente enroscada presente en el chakra Muladhara), se le conoce con el nombre de Svadhisthana, término que significa «la residencia de uno mismo». Efectivamente, este chakra está considerado como la antigua residencia de Kundalini, que después fue conducida hasta Muladhara.

Svadhisthana se ubica en la base de la columna vertebral y, junto con Muladhara, constituye el plexo sagrado o coccígeo. Es un chakra muy importante, debido a la influencia que ejerce sobre el cerebro humano, como demuestra la función que desempeña en el descubrimiento del principio del inconsciente del hombre.

En resumen, al estar unido con el centro que se encuentra en el cerebro, controla todas las fases del inconsciente humano. Cuando se lleva a cabo el renacimiento de este chakra, en el individuo se fija un estado de inconsciencia temporal, que representa una condición de existencia muy fuerte y potente. Hay muchas acciones que realizan los seres humanos, en las que no hay conciencia de si son mentales o físicas, buenas o malas, agradables o desagradables. Estas acciones dependen de las fuerzas de la naturaleza, conectadas al individuo, que actúan dentro de él y cuya existencia este ignora. Svadhisthana es el responsable de este principio del inconsciente, que no es un proceso innato, ya que su resultado es mucho más activo, dinámico y potente que la conciencia normal del ser humano.

El inconsciente está constituido por las vidas pasadas, por las experiencias anteriores, por todos aquellos procesos que la tradición hindú define como *karma*, y que pueden estar simbolizados por el mismo chakra Svadhisthana. Aquí puede explorarse el inconsciente al completo, no sólo las formas que se manifiestan. A diferencia del chakra Muladhara, en el que los karmas se manifiestan a través las diferentes pasiones, en Svadhisthana estos no tienen una manifestación real: es una especie de almacén del karma, todo está bajo la llave del inconsciente dinámico.

El chakra Svadhisthana tiene el control absoluto de la manifestación del hombre en el primer estadio de su evolución hacia arriba que, como ya hemos visto, está constituido por Muladhara. Recoge todos los karmas de los que no se tenga algún conocimiento, aquellos que son registrados por el individuo pero no analizados, y permanecen engañados en el inconsciente. El individuo que se concentra en este chakra y lo hace renacer asume un comportamiento extraño, incomprensible y difícil de analizar.

En lo que se refiere a las nadis, Svadhisthana Ida va hacia la derecha, mientras que Pingala se dirige en la dirección opuesta, hacia la izquierda. En cuanto al chakra Muladhara, Ida y Pingala se cruzan y cambian su dirección. Cuando este chakra renace, los poderes se desarrollan. Los más importantes son: el conocimiento intuitivo, el conocimiento de la entidad astral, el poder de gozar de cualquier cosa que se desee y no tener miedo al agua.

El chakra Manipura

Este chakra se encuentra detrás del ombligo, en la pared interna de la columna vertebral y su nombre, Manipura, está compuesto por las palabras *mani*, que significa joya, y *pura*, que quiere decir ciudad, es decir, «ciudad de las joyas». En la tradición tibetana este chakra se conoce también con el nombre de *Mani Padma*, que quiere decir «loto enjoyado».

Según algunas tradiciones hindúes, el verdadero renacimiento de la conciencia se realiza con este chakra y los siguientes, por lo que se excluye a Muladhara y Svadhisthana. En Manipura, según esta concepción, empezaría la evolución del hombre superior, mientras que en los otros dos chakras predominaría el estadio animal.

Fisiológicamente unido al plexo solar, Manipura contiene los dos aspectos del ser humano: el positivo y el negativo. El aspecto negativo está constituido por la decadencia psicofísica del ser humano, mientras que en el positivo, cuando este chakra renace, esta no decae ni involuciona. De hecho, mientras la conciencia evoluciona a través de las encarnaciones animales de Muladhara o Svadhisthana, esta puede retroceder, algo que no ocurre cuando el renacimiento se verifica en el centro de Manipura. Por lo tanto, el renacimiento es estable.

Es interesante notar que la fuerza responsable del renacimiento del chakra Manipura se produce de la conjunción, a la altura del ombligo, de dos de las cinco dimensiones del Prana: el Prana propiamente dicho y Apana (las otras tres son Viyana, Samana y Udana). Cuando Prana y Apana se encuentran, se lleva a cabo el renacimiento de Kundalini.

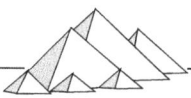

El chakra Manipura es un centro de gran importancia, por ser el responsable del renacimiento de extraordinarios poderes psíquicos. Hasta llegar al chakra Svadhisthana, el renacimiento de los poderes psíquicos se ve afectado por factores negativos, debido a que el conocimiento personal del individuo todavía no está purificado. Lo que sucede en la práctica es que, mientras aparecen los poderes psíquicos, el individuo intenta manifestarse y expresarse en sí mismo. Una vez se ha adquirido el nivel del chakra Manipura, el individuo tiene una conciencia espiritual elevada que logra comprender las diferentes dimensiones de la existencia.

De los siete niveles en los que se divide la evolución del hombre, Manipura corresponde al tercer nivel, el celestial, adquirido después del nivel ordinario, simbolizado por Muladhara, y al nivel intermedio, que se expresa en Svadhisthana. Quien adquiere el tercer nivel de la conciencia superior está capacitado para poder ver más allá de sí mismo, el estado infinito de conciencia, superando las limitaciones de los estadios precedentes.

En Manipura se manifiestan las visiones más elevadas, las proyecciones más nobles. En este estadio se expresan las facultades más valiosas de la conciencia humana. Los poderes adquiridos con el renacimiento de este chakra son el conocimiento de nuestro propio cuerpo, la capacidad de dirigir la energía hacia el cerebro, la liberación de las enfermedades y la superación del miedo al fuego.

El chakra Anahata

Anahata («inexpugnable») es un centro de gran importancia, ya que dirige el funcionamiento del corazón, órgano biológico y sede de las emociones y de los sentimientos.

Además, este chakra, gracias a algunas conexiones con las zonas cerebrales, es responsable de la producción artística, tanto a nivel figurativo (dibujo, escultura) como a nivel musical.

Desde un punto de vista filosófico, la tradición hindú distingue entre dos niveles de pensamiento en la existencia humana: un nivel *dependiente*, según el cual cualquier cosa que le sea otorgada al hombre, él la realizará; y un segundo nivel, *independiente*, en el que el individuo considera que cada cosa que piense se realizará. El primer nivel es el característico de los chakras inferiores (es decir, hasta llegar al nivel del chakra Manipura); el segundo, pertenece al nivel de Anahata.

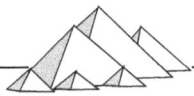

En el chakra Muladhara y en el Svadhisthana, el individuo hace que su vida dependa del destino. En Manipura, aunque sea parcialmente el dueño de algunas situaciones, está siempre sujeto al karma de los ciclos precedentes. En Anahata empieza la independencia del pensamiento, característica del hombre activo con respecto a la vida. Los primeros tres chakras (Muladhara, Svadhisthana y Manipura) pertenecen al universo empírico, que privilegia a la dimensión corporal (pensamiento dependiente del cuerpo y de los sentidos). Anahata es el primer chakra del nivel *no terrenal*.

Aquellos que creen en el destino inmutable son los que se establecen en los dos primeros chakras; quien, al contrario, cree en el hecho, pero está convencido de poderlo superar, pertenece a Manipura. El conocimiento de ser los únicos artificios del propio destino es el adecuado para quien se encuentra en el nivel de Anahata. Aquí, la mente y la conciencia individual aceleran los procesos aptos para conocernos.

El chakra Anahata requiere ser vigilado constantemente: quien está en su nivel y ha adquirido ciertos poderes, debe estar muy atento y no recaer en los niveles inferiores. En el ámbito de los primeros chakras, se puede retroceder temporalmente de un centro superior a otro inferior para salir de él más adelante. Una regresión desde Anahata, sería algo prácticamente definitivo y sin apelación. Por eso, antes de provocar el renacimiento de este chakra, se nos tiene que preparar con decisiones exactas y para entender la vida un modo adecuado.

Uno de los aspectos más peculiares de Anahata es la fuerza de voluntad; esta, sin embargo, no debe confundirse con la autosugestión. La fuerza de voluntad debe depender de la capacidad de intuición y del pensamiento activo y positivo en las comparaciones de la realidad. Los poderes más significativos que se obtienen con el renacimiento de Anahata son: adueñarse de la elocuencia, la habilidad en el arte y la capacidad de tomar decisiones rápidas y justas.

El chakra Visuddha

El penúltimo chakra es Visuddha, cuyo nombre deriva del sánscrito *shuddhi*, que significa purificar. Es el centro preferido para llevar a cabo la purificación de las sustancias nocivas para el organismo y, en particular, de la *ambrosía*, un fluido producido desde un centro cerebral situado en lo alto de la cabeza llamado *Bindu*, que se conserva en una especie de depósito, cerca de las cavidades nasales, denominado *Lalana* (o *Talumula*).

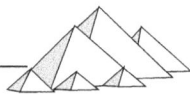

Cuando se estimula este último centro, la ambrosía desciende para ser consumida por el cuerpo: puede actuar como néctar capaz de dar la inmortalidad o como veneno. Una vez secretado, antes de ser consumido, el fluido se dirige hacia el chakra Visuddha, donde se realiza la purificación para que el fluido se transforme en néctar, pero si este chakra no renace lo suficiente, entonces la ambrosía será nociva.

Entre los poderes del chakra Visuddha, si ha renacido correctamente, destaca el don de la inmortalidad y el rejuvenecimiento del cuerpo humano. Quien logra estimular a Visuddha, conseguirá la regeneración de los tejidos corporales, y el conocimiento del pasado, del presente y del futuro. Entre las funciones del centro Bindu, unido a Visuddha, destaca la telepatía.

El chakra Ajna

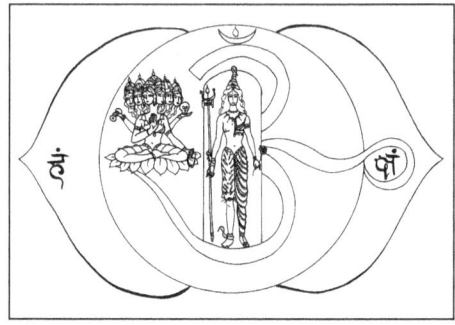

En el chakra llamado Ajna, a la altura de la glándula pineal, se realiza la confluencia de las tres nadis principales, Ida, Pingala y Sushumna. Estas tres fuerzas corresponden, según la mitología hindú, a los tres grandes ríos hindúes: el Ganges, el Yamuna y el Saraswati, que, al igual que los tres canales energéticos del cuerpo humano, se encuentran en el Allahabad, lugar sagrado según los creyentes. En esta localidad, cada doce años (coincidiendo con determinada situación astronómica), los celebrantes allí reunidos se sumergen en las aguas sagradas para purificarse de todos los elementos de la materialidad corporal.

Metafóricamente, el chakra Ajna se asimila, en su función, al Allahabad, punto de encuentro de las tres grandes fuerzas purificadoras. Concentrarse sobre

---

Los tres ríos sagrados

En las escrituras tántricas, Ajna se presenta como la confluencia de los tres ríos sagrados:

- *Ganga, es decir, Ganges, el río sagrado de la religión hindú;*
- *Yamuna, el curso del agua donde Krishna, una de las diez encarnaciones del dios Vishnu, había pasado parte de su vida;*
- *Saraswati, río subterráneo e invisible.*

este punto de confluencia significa dejar la mente libre, vacía de todo tipo de materialidad.

Los tres canales principales corren en dos direcciones diferentes y, fluyendo en el cerebro, penetran en todo el cuerpo, generando sensaciones físicas y psíquicas, emocionales e intelectuales. He aquí por qué este centro nervioso tiene una importancia fundamental: la mente se purifica y permite llegar hasta los otros chakras.

El chakra Ajna, cuya estructura es similar a la de un nudo, constituye el centro de mando (por otra parte, *ajna*, literalmente, significa, mando, y la raíz sánscrita *jna* quiere decir «obedecer» o «conocer»). Aquí reside el llamado gurú interior, unido a uno exterior, es decir, a un maestro que guía al discípulo a descubrir este chakra sagrado. Si la conciencia individual, en el curso de las prácticas de la meditación, pierde el propio ego, el gurú externo ayuda a su discípulo a encontrar el camino del chakra.

Concentrándose en Ajna, se realiza un estado de comunicación con la parte más elevada y profunda de la conciencia, y se liberan muchas energías anexas a la glándula pineal, en cuya altura se encuentra el chakra. Es difícil concentrarse cuando se quiere llegar a este nivel.

La energía y las potencialidades de Ajna se manifiestan en dos direcciones: la comunicación con el propio yo interior y con el mundo exterior. Gracias a esto, se pueden establecer sistemas alternativos de comunicación, como la telepatía o la clarividencia. Aun así, se tiene en cuenta que este chakra ha sido muy desarrollado y activo en los animales, capacitados para captar un fenómeno concreto antes de que este tenga lugar.

El chakra Ajna se une con Muladhara, otro centro conductor de la energía vital. Una vez renacido este último, cualquier cosa que suceda dentro de su ámbito se transmitirá a Ajna.

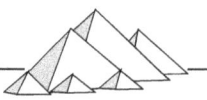

Geomancia, vivir en armonía con el universo

La pintoresca armonía de los paisajes chinos no es fruto de la casualidad. Expertos geománticos han sabido fundir las fuerzas naturales con las creadas por el hombre, reduciendo las malas influencias y potenciando las buenas con la finalidad de proporcionar salud, felicidad y prosperidad a los habitantes del lugar. Pero ¿cómo puede el geomántico adecuar el paisaje con la gente que allí vive?

Las colinas y las montañas siempre han estado considerados los lugares propicios para establecer asentamientos según los antiguos geománticos chinos

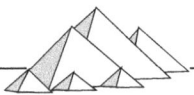

A través de los elementos de la naturaleza, que con sus características y propiedades plasman los lugares dejando influencias suyas en todas partes: en el viento, que sopla sobre las colinas y entre los árboles; en el agua de la lluvia, de los torrentes, de los ríos y del subsuelo; en las montañas y sus llanuras; en las formas de los elementos naturales. Todas estas fuerzas provienen de tres fuentes: el cielo, que comprende todos los factores astrológicos y temporales; la tierra, en la que se incluyen las condiciones atmosféricas, y el elemento humano. Solamente cuando en una localidad determinada estos tres componentes aparecen en armonía entre sí, la función del geomántico puede considerarse acabada.

En el pasado, los maestros geománticos eran consultados antes de construir o intervenir en cualquier edificio, tumba, u otras estructuras que pudieran alterar el paisaje. Esto es porque la disposición de una nueva casa, o incluso el levantamiento de una valla o de un palo, crean un desequilibrio en el ambiente que el geomántico debe restablecer a través del respeto de algunas reglas fundamentales o la introducción de objetos que tengan el poder de compensar la situación de desequilibrio que se ha creado. Según esta doctrina antigua, el destino favorable o contrario de cada individuo depende también de la colocación más o menos oportuna de las viviendas y de las tumbas de los antepasados.

Cada uno puede remediar sus propios límites viviendo en armonía con todas las fuerzas de la naturaleza, uniéndolas con el poder del Ser Supremo y acordando entre ellos los principios opuestos del Yin y del Yang.

El equilibrio entre el componente Yin y el Yang se manifiesta como *Ch'i*, es decir, la benéfica «respiración cósmica». El desequilibrio se manifiesta como *Sha Ch'i*, «la respiración de la desdicha». La intención del geomántico es la de favorecer el Ch'i y evitar el Sha Ch'i. Según la geomancia, cada lugar del espacio está influido por cinco elementos:

- *Loong*, el Dragón: la forma de las colinas y de las ondulaciones del suelo;
- *Xue*, el Agujero, es decir, el tipo de terreno y su estabilidad;
- *Sha*, la Arena, el escenario circunstante;
- *Shui*, el Agua, también la subterránea;
- *Xiang*, la Orientación.

Una gran experiencia, añadida a las consideraciones místicas del pensamiento tradicional chino, ha determinado una serie de complicadas reglas que definen de qué manera es necesario tener en cuenta estos factores. El geomántico, que ha estado durante años aprendiendo bajo la supervisión de un maestro, utiliza una mezcla entre el conocimiento, la experiencia y la intuición, para establecer si se confirma o no un lugar determinado.

El equilibrio entre Yin y Yang (es decir, entre los opuestos presentes en todas las cosas) es el punto central de la teoría de los cinco elementos. Es necesario encontrar el equilibrio en cada situación de manera que los cinco elementos estén bien combinados y puedan dar lugar a la armonía y a la realización de todos los deseos y proyectos del hombre. Existe una relación concreta entre los elementos

> ## Los cinco elementos
>
> *Es necesario tener en cuenta que los elementos fundamentales, base de cuanto hay en la Tierra, son cinco:*
> * *el* Fuego *es considerado la máxima expresión de la energía; es calor, fuerza, dinamismo en el mayor grado posible y, después de él, todo está destinado a la decadencia;*
> * *la* Madera *simbólicamente representa la energía vital de la primavera en la que todo crece con mucho vigor, expandiéndose en todas las direcciones; representa el concepto de la evolución y el crecimiento por estadios;*
> * *el* Metal *expresa todo lo que es fuerte y resistente; su evolución está representada por el movimiento desde el exterior hacia el interior; su característica es condensarse y coagularse haciendo que cada objeto sea resistente;*
> * *el* Agua *es el símbolo de la energía que corre; su movimiento va siempre desde arriba hacia abajo; su fin es la tranquilidad armónica, la concentración antes de la continuación, el equilibrio;*
> * *la* Tierra *es el punto central de las energías expresadas por cada uno de los elementos y su movimiento es horizontal y está capacitada para influir en las relaciones entre los diferentes elementos absorbiendo o esparciendo sus propiedades. Los cinco elementos nacen de la interacción entre Yin y Yang, y son la manifestación directa del Ch'i, representada por las cinco sustancias físicas, las esencias que describen todas las cosas y sus atributos.*

básicos, expresada a través del fluir armónico de cada uno:
* el *Agua* humedece y corre hacia abajo;
* el *Fuego* se lanza hacia arriba;
* la *Madera* se plega y se endereza;
* el *Metal* acepta todas las formas que le sean impuestas;
* la *Tierra* lo atrae todo hacia ella.

Según el *Xing* (más conocido en Occidente con el nombre de *I Ching*, ley de los cambios) existe un ciclo preciso entre estos elementos que debe ser respetado para poder crear una

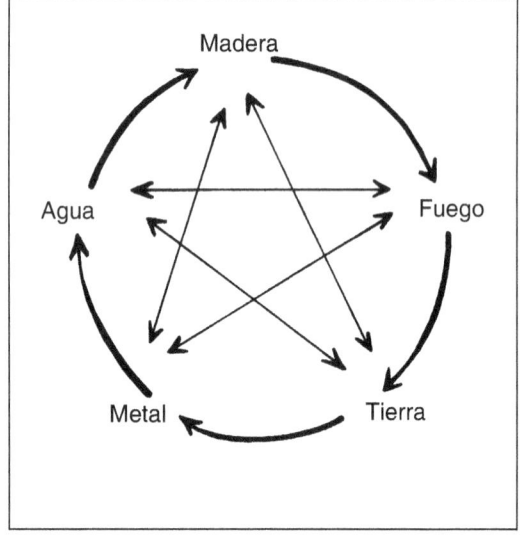

Representación gráfica de las uniones entre los cinco elementos

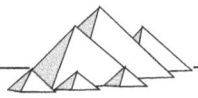

conexión *constructiva* de estos eventos: la Madera conlleva al Fuego; el Fuego lleva a la Ceniza; la Ceniza alimenta la Tierra; la Tierra esconde el Metal; el Metal remueve el Agua; el Agua alimenta a la Madera.

Existe también una conexión inversa, considerada destructiva, peligrosa para nuestra salud y para la realización de nuestros proyectos y, por lo tanto, hay que evitarla: la Madera lucha con la Tierra; la Tierra con el Agua; el Agua con el Fuego; el Fuego con el Metal, y el Metal con la Madera. Estos dos tipos de conexiones se representan gráficamente por un círculo (acontecimiento armónico natural) que contiene en su interior una estrella (poder destructivo). Además, existe una estrecha relación de influencias entre estos elementos y el cuerpo humano, estudiado y confirmado por la observación a la que ha sido sometida durante siglos:

Elemento básico	*Órgano*	*Sentido*	*Manifestación*	*Carácter*
Madera	Hígado	Vista, ojos	Viento	Amistad
Fuego	Corazón	Gusto, lengua	Calor	Amabilidad
Tierra	Bazo, estómago	Tacto, piel	Humedad	Credibilidad
Metal	Pulmón	Olfato, nariz	Sequedad	Valentía
Agua	Riñones	Oído, orejas	Frío	Inteligencia

El deber del maestro geomántico consiste en intentar *establecer* o *restablecer* el equilibrio entre los elementos de la naturaleza y el hombre.

Hay dos tipos de intervención posible: influir en el origen de las cosas, eligiendo el lugar de lo que se tendrá que edificar o utilizar, y observar las intervenciones necesarias para identificar y corregir las influencias negativas de edificios u objetos. Este último es el campo de intervención auténtico y verdadero de la ciencia oriental del *Feng Shui*, de la que hablaremos en el siguiente capítulo y del que extraeremos una serie de conceptos básicos que, junto con los estudios de las propiedades de las pirámides, nos ayudarán a intervenir en las situaciones negativas que influyen en nuestra vida y en los ambientes en que vivimos.

Absorber la energía de un lugar

Ser los primeros en absorber la energía de un lugar puede ser importante en algunos casos para que ciertas formas del suelo no puedan regenerar energía. En estos casos, la energía es válida solamente para la primera casa que se construya. En las formas del suelo de tipo dinámico, en las que la energía puede ser regenerada, ser el primer ocupante no es tan importante. En las zonas especiales, donde todos los poderes de la tierra son utilizados para crear una persona extraordinaria, la energía sólo dará provecho al primer ocupante.

Las líneas del Dragón

En la mitología china, el Dragón simboliza las potentes fuerzas benéficas de la naturaleza y del Ser Supremo. En la geomancia, el Dragón corresponde a la topografía de la localidad y a la modulación de las colinas. Se considera negativo el terreno casi llano, ya que se trata de un «falso Dragón», que puede aportar desarmonía, enfermedad o, sin más, destrucción. Las ondulaciones regulares son un «buen Dragón»: los dulces contornos de las colinas otorgan a muchos paisajes chinos su pintoresca fascinación, sobre todo en los alrededores de las tumbas de los emperadores Ming, cerca de Pekín, la antigua Beijing, que, según los cultivadores de la geomancia, es el lugar más perfecto del mundo.

Encontrar los lugares favorables no es nada fácil: en la antigua *Canción de la Geomancia*, se afirma que pueden ser necesarios varios años para descubrir el Dragón y, hasta diez, para identificar el Agujero. En el Feng Shui está vigente la máxima: «Encontrar el Dragón es fácil, lo difícil es encontrar el Agujero»; se subraya así que esta segunda parte es la más importante y al mismo tiempo la más costosa. Por lo tanto, según los chinos, las energías de la Tierra corren por venas magnéticas que la recorren en su totalidad y estas son las llamadas *Venas* o *Líneas del Dragón*.

También en Occidente, siendo este más riguroso y científico, se han estudiado estas influencias, con descubrimientos que a veces han resultado impresionantes: algunas observaciones realizadas en el barrio de Moulins en París, en el transcurso de los años setenta, por ejemplo, han unido la mayor incidencia del cáncer y de las enfermedades cardiovasculares de los habitantes con la particular intensidad de rayos gamma existentes en la zona.

El Dragón es el símbolo de la energía fuerte y quebrantadora que da vida al mundo

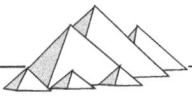

Una de las causas de malestar más difundidas parecen ser los llamados *nudos de Hartmann*, una serie de «muros» geomagnéticos que se extienden hasta llegar a la biosfera y forman una red alrededor de todo el globo. Este gran tablero de ajedrez parece seguir la dirección de los polos magnéticos; en dirección norte-sur: es posible encontrar un «muro» cada 2 metros, mientras que, en dirección este-oeste, la distancia aumenta a unos 2,5 metros.

Según las disciplinas que se ocupan de nuestro bienestar, el punto de intersección de los muros, es decir, el «nudo telúrico», puede ser peligroso para la salud del hombre. En el punto en el que se encuentra el nudo, suceden las modificaciones del campo magnético y de la radiactividad natural.

Los animales, al contrario que el hombre, parecen darse cuenta de la presencia de estos puntos nocivos o de los nudos telúricos, por lo que adecuan su comportamiento. Todo esto ya lo constataron los antiguos romanos, que antes de edificar una ciudad o un campamento, dejaban pastar libremente a los rebaños en los prados y observaban cuál era la zona preferida por los animales para descansar durante la noche. Donde los rebaños se reunían, allí se levantaba la nueva instalación, que seguramente no estaría afectada por influjos naturales negativos.

Más o menos de manera consciente, cada civilización del pasado conocía estos fenómenos: desde la antigüedad los edificios sagrados se construían en unos puntos magnéticos concretos. Como confirmación de todo esto, en siglos precedentes han sido edificadas, y también sobrepuestas, construcciones sagradas de diferentes civilizaciones en los mismos sitios.

Cálculos recientes han hecho evidente que en el interior de la pirámide de Keops y en la de Zoser, fueron anulados los campos electromagnéticos generados por los nudos de Hartmann. Toda la superficie interna parece ser inmune a estas radiaciones, que aparecen concentradas al máximo en el perímetro exterior de la construcción.

El Dragón de la Montaña y el Dragón del Agua

Antiguamente era muy importante conocer los Dragones de las montañas y de los cursos de agua que fluían, porque la vida estaba mucho más concentrada en los relieves y en las montañas que en las llanuras. Hoy día, se vive mayoritariamente en las llanuras, aunque lejos de los cursos de agua, por lo que el estudio se concentra sobre todo en las formas de estos dos Dragones que en las ciudades, a veces, forman parte de los reclamos de la arquitectura de los edificios, y en la presencia de los canales artificiales de agua (acueductos, lagos, fuentes, etc.).

Para la doctrina de la geomancia y del Feng Shui, ocuparse de las montañas y del agua significa reconocer la importancia de la belleza que simbolizan. Según el Feng Shui, los cursos de agua lentos o estancados no son muy favorables, aunque no tienen por qué ser necesariamente negativos, mientras que el agua retozante e impetuosa es más vivaz y estimulante. Esta última favorece el bienestar, las ganas y la alegría de vivir, pensamientos que son positivos y creativos.

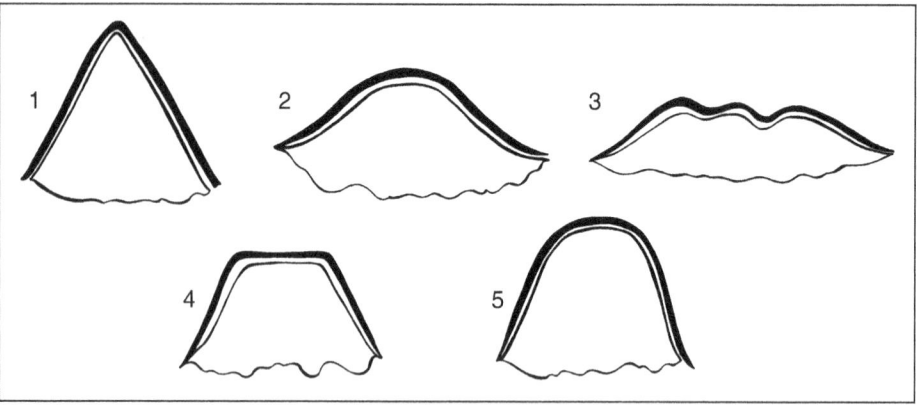

El significado simbólico de las formas del paisaje, para los geománticos chinos es un mundo fascinante: 1. Montañas altas y afiladas representan el fuego; 2. Relieves bajos y sinuosos son el símbolo del metal; 3. Cimas irregulares y bajas son el símbolo del agua; 4. Las cimas planas expresan el poder del elemento tierra; 5. Cima redonda y pendiente escarpada son la expresión del elemento madera

La misma idea puede aplicarse al mar: las costas planas tienen menos energía que las que tienen arrecifes y montañas que simbolizan el acogedor y protector regazo materno. El elemento Agua, según esta doctrina, está unido al Metal, y este es portador de riqueza en un sentido amplio y no solamente se refiere al dinero. Antiguamente se creía que el Cielo y la Tierra no estaban separados y esta cosmología terrestre estaba representada por las montañas y las superficies de agua. Las cimas de las montañas simbolizan altura, mientras que las profundidades del agua representan lo bajo y la profundidad. Las crestas de las montañas simbolizan la cresta del Dragón de la Montaña, mientras que en las profundidades del agua, que son representaciones similares al contorno de las montañas, encontramos representado el Dragón del Agua.

Puesto que el estudio de la geomancia y el del Feng Shui tiene como función proporcionar al hombre las mejores condiciones para vivir con salud y felicidad, la búsqueda de los espacios cercanos al agua y de la armonía generada por su influencia benéfica es algo fundamental. También es importante observar la naturaleza del lugar para entender cómo transcurre la energía y con qué calidad, para poder extraer las mejores influencias de quien vaya a vivir allí.

CÓMO ANALIZAR UN LUGAR

Para analizar un sitio, según las antiguas leyes de la geomancia china, es necesario tener en consideración algunos elementos:
- *la orografía*
- *la hidrografía*
- *la naturaleza: vegetación y aves*
- *la orientación respecto al sol*

Un paisaje animado por diferentes formas, lleva a un buen Feng Shui: en el dibujo el Yang de las montañas está equilibrado por el Yin del río

Las cosas no tienen por qué ser benéficas o maléficas, pero pueden llegar a serlo en relación de su uso: estar cerca de un arroyo que brota es muy adecuado para construir una casa porque, además de aportar energías vitales, también ofrece la mejor agua para uso doméstico (mientras que los ríos y los lagos pueden llegar a inundarse y son más adecuados para los cultivos) y aporta fertilidad. El Dragón de la Montaña es muy importante para tener y mantener un Ch'i del Agua, bueno y fuerte. En las antiguas civilizaciones, se consideraba que en las cimas de las montañas residían los dioses y, todavía hoy, se consideran lugares valiosos para acercarse a la esencia de la naturaleza. Sin la montaña, el Ch'i del Agua se dispersaría rápidamente en el cielo, sin poder coger fuerza y beneficiarse de sus efectos positivos. Cuanto más alta y abrupta es la montaña, más intenso es el Ch'i; cuanto más profunda es el Agua, el Ch'i es más fuerte. Algunas configuraciones del suelo montañoso asumen formas similares a animales, personas, objetos o fenómenos naturales. Este tipo de montañas están animadas por tipos de energía muy particulares y otorgan al territorio circundante características muy peculiares.

Las formas terrestres

FORMACIONES ANIMALES

Hay tres tipologías de formas: la de base o pasiva, la dinámica y la mágica.

Formaciones animales de base: cualquier terreno con forma de animal en estado de reposo puede recoger y almacenar una cantidad limitada de energía para ser utilizada solamente una vez. Este tipo de forma de suelo sólo será útil a una generación. Además, es de naturaleza pasiva y tiene escasa capacidad para difundir o acrecentar la energía.

Formaciones animales dinámicas: cualquier territorio con una forma que se asemeje a un animal en movimiento posee una energía dinámica. Se trata de una tierra activa y capaz no sólo de almacenar y recoger energía, sino también de difundirla y acrecentarla. Además, la energía de estos lugares tiende a regenerarse con el paso del tiempo acompañando a los propietarios del lugar de generación en generación. Los maestros del Feng Shui han identificado diez grupos de formaciones animales dinámicas: dragón, tortuga, serpiente, fénix, águila, tigre, elefante, toro, animales marinos e insectos. Dragón, tortuga, serpiente, fénix y águila, según los chinos, tienen cualidades mágicas, absorben las energías Yin y Yang de la tierra y del cielo. Por eso, los lugares característicos de estas formaciones dinámicas contienen más energía que los otros.

Formas animales mágicas: se trata de suelos en los que su forma hace referencia a la imagen de animales que están realizando hazañas extraordinarias, como un caballo que vuela por el cielo o las águilas que se abrazan. Estos lugares recogen, almacenan y difunden la energía de la vida, pero también contienen connotaciones espirituales que hacen que estos terrenos sean especialmente adecuados para la meditación o el culto. Nacer o crecer en uno de estos lugares hace que la persona se vuelva particularmente aguda, desde un punto de vista intelectual y místico, y que esté capacitada para obtener grandes resultados dentro del campo espiritual.

Formaciones humanas

Las formaciones que se parecen a seres humanos en acción son dinámicas y pueden almacenar, recoger, difundir y acrecentar la energía de la vida. Estas formas de suelo poseen un enorme poder que está unido a la acción que el territorio parece configurar. Es necesario tener presente no solamente al tipo de sujeto humano representado, sino también el acto que está cumpliendo.

Formaciones de fenómenos naturales

Según la tradición china, los paisajes que contienen formaciones que evocan la imagen de fenómenos naturales han absorbido la esencia del cielo y de la tierra y han recogido el poder de estrellas y piedras durante milenios. Son los paisajes más potentes: quien absorbe la energía de estos lugares estará «en unión con el cielo y la tierra», ya que estos contienen la energía primordial del Tao en su forma más pura. Los hombres que nacen o viven en estos lugares están destinados a llevar a cabo grandes hazañas, destinadas a pasar a la historia de la humanidad.

El mejor Dragón del Agua

Las montañas representan el esqueleto de la tierra, mientras que el agua es la sangre. La montaña es el Yin y el agua es el Yang. La unión de Yin y Yang genera todas las cosas. Por eso, una tierra con montañas, pero sin agua, no está equilibrada. Una tierra con agua y sin montañas, no puede recoger la energía. El agua que transcurre por las montañas alimenta su energía y hace que crezca su poder. Sin embargo, el agua que corre por los relieves disipa la energía. Las montañas ayudan al agua a recoger la energía, y el agua ayuda a las montañas a dirigirla y a difundirla. Montañas y agua se complementan con el objetivo de dar poder a un determinado lugar.

En el Feng Shui, el agua se valora en función de la forma del curso y de su configuración en la superficie. La forma de un río está definida por su curso. Las aguas costeras están definidas por la tierra que las rodea. La forma de los lagos está representada por todo el embalse cubierto por el agua, incluidos los pantanos y los canales fluviales que derivan de este o que confluyen en él. Además, hay una gran diferencia entre el agua que corre y el agua estática. Se tiene en consideración que los cursos de agua, dotados por un flujo animado y continuo, tienen formaciones del tipo Dragón del Agua o recorridos energéticos en el agua, iguales que las venas del Dragón, denominados recorridos energéticos de las montañas. Una región con Dragones del Agua muy desarrollados es una tierra dotada por un gran poder positivo.

El agua que no tiene configuraciones de superficie continuas no puede recoger ni difundir energía, y está totalmente privada de configuraciones de superficie, está «muerta», desprovista de energía.

- *Río: debe ser más bien largo, bastante profundo, con sinuosidades que formen una S, con corriente fluida y el agua lo más pura posible.*
- *Lago: debe ser bastante profundo, con el agua pura; su superficie debe ser más bien tranquila, ya que las aguas que están demasiado agitadas no permiten al Ch'i del agua que se concentre y coja fuerza.*
- *Mar: se aplican los mismos principios que se han mencionado para el lago; las bahías resguardadas permiten al Ch'i del agua tomar más fuerza y sus profundidades claras favorecen la visibilidad.*

Volcanes y desprendimientos

Volcanes, terrenos derrumbados y otras formaciones emergidas de manera imprevista recientemente, no han tenido todavía tiempo para recoger energía y, por lo tanto, no tienen las mismas cualidades que las formaciones sometidas a la acción gradual de los agentes atmosféricos, lo que puede favorecer o bloquear el pasaje de la energía.

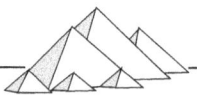

Una vez establecido que el Dragón de la Montaña y el Dragón del Agua son los más favorables y ricos en influjos benéficos, debemos intentar reproducir el flujo en otras situaciones y realidades. Sobre todo, porque gran parte de la humanidad debe vivir en grandes ciudades construidas en llanuras, con un Ch'i débil y no tan favorable, por lo que es necesario utilizar los diferentes medios a nuestra disposición para volver a crear las situaciones óptimas y más beneficiosas para la salud en general, y en especial para acondicionar las viviendas en las que pasamos la mayor parte de nuestro tiempo.

Los cuatro animales de la concentración y del conocimiento

Según los antiguos maestros chinos, el hombre puede mejorar su propio destino viviendo en armonía con la naturaleza y aprovechando las energías positivas. La naturaleza se comporta como un organismo vivo, cuya respiración penetra en cada cosa. Su benéfica influencia depende de las condiciones que los expertos modernos clasifican como más o menos favorables. El paisaje natural circundante, el lugar en el que se vive o se trabaja deben reflejar esta intrínseca armonía para poder crear un Feng Shui positivo. Armonizar con la naturaleza puede lograrse con mayor facilidad si la residencia goza de la influencia propicia del terreno y de cualquier otra característica que esté presente: colinas, montañas, ríos, lagos. Sobre todo, las montañas y las colinas tienen una función especial y se caracterizan por su forma y peculiar significado. Según las antiguas tradiciones chinas, las posiciones más favorables son elegidas como residencia del *Dragón verde del este* y de la *Tigresa blanca del oeste*, que forman con su unión una especie de anfiteatro de relieves. La localidad (representada como una serpiente enroscada) debería gozar de la protección de colinas a las que se les ha otorgado el nombre de *Tortuga negra*, que protegen de los vientos septentrionales, y de un pequeño relieve del sur, llamado la *Fénix roja*. Según la tradición, una casa entre estos cuatro animales aportará a sus habitantes abundancia, riqueza y suerte.

La presencia de uno de estos animales por lo menos, en su ubicación correcta, aportará una serie de ventajas a los habitantes de la casa:

• *Dragón:* su naturaleza es puramente espiritual. Posee grandes fuerzas y representa el aspecto sabio y analítico del intelecto.
• *Fénix:* está capacitado para aportar a la persona que dirige su mirada hacia él emociones intensas e inspiraciones creativas.
• *Tigre:* es el símbolo de la fuerza y de la agresividad que se defiende o ataca. Da valentía y la capacidad para afrontar con fuerza las situaciones difíciles.
• *Tortuga:* da seguridad y protección. Indica estabilidad en el pensamiento, sabiduría y capacidad para considerar las situaciones.

La presencia de estas energías es garantía de equilibrio y armonía. La persona deberá dirigir su mirada hacia ellos para afrontar un problema concreto.

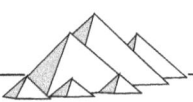

Los cuatro animales de la concentración y el conocimiento

CARACTERÍSTICAS DE LOS CUATRO ANIMALES DE LA CONCENTRACIÓN Y DEL CONOCIMIENTO				
	Dragón	*Fénix*	*Tigre*	*Tortuga*
Dirección	Este	Sur	Oeste	Norte
Color	Verde	Rojo	Blanco	Negro
Estación	Primavera	Verano	Otoño	Invierno
Elemento	Madera	Fuego	Metal	Agua

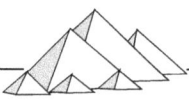

El Feng Shui

Formulado originariamente en China, el Feng Shui se difundió muy pronto en Japón, Asia suroriental y, en el siglo XX, en el resto del mundo. Aunque el Gobierno comunista chino desaliente su práctica, esta *ciencia de los elementos* continúa teniendo gran aplicación en el Extremo Oriente, donde se considera un medio para asegurarse la suerte, tanto en cosas concretas como en la vida cotidiana.

Qué es el Feng Shui

El Feng Shui transcribe dos ideogramas chinos que indican el viento (Feng) *y el agua* (Shui), *los motores de la energía universal, que determinan la presencia de la vida sobre la Tierra. El origen del Feng Shui es antiquísimo y ciertamente existía desde mucho antes del tratado más antiguo que recoge los principios (la Enciclopedia imperial del 1620 d. C. ca., aunque los textos que hacen referencia al periodo Sung ya hablan de este arte). En su origen, el Feng Shui se aplicaba sobre todo al estudio de la forma y a la colocación de la tumba, que obviamente tenía una función central en la transmisión de los influjos benéficos de los antepasados sobre sus descendientes. De la sepultura se pasó a dictar reglas sobre la posición del palacio del emperador, de la casa y de su decoración. El Feng Shui se prohibió en China, con la revolución cultural de Mao, pero sobrevivió en Hong Kong, Singapur, Malasia y en Taiwán, desde donde se difundió hacia Occidente.*

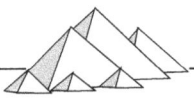

Muchos palacios modernos, oficinas y alojamientos de Hong Kong y Singapur han sido proyectados respetando sus principios.

Encontrar lugares que todavía estén intactos para construir residencias no es el único interés que preocupa a esta disciplina hoy día. También intenta poner remedio a las situaciones que ya han sido expuestas.

Milton Glaser, un renombrado grafista de Nueva York, estaba desesperado por los seis robos que había sufrido su oficina en muy poco tiempo, y envió un plano detallado de sus locales a un experto de Feng Shui de Hong Kong. Este le aconsejó que pusiera un acuario con seis peces negros y colgara en el techo una estructura piramidal roja. En cuanto el grafista procedió a seguir estas instrucciones, los desagradables sucesos cesaron por completo.

Entre las estructuras y los objetos paliativos del repertorio del Feng Shui, las más notables son las pagodas (que en la práctica desarrollan la misma función que nuestras pirámides). Estos edificios, que tienen como característica distintiva el techo en forma de punta, se construían en puntos geománticamente activos con el objetivo de corregir las malas influencias.

Otro instrumento es el espejo geomántico que, colocado en el techo, la calle, o en una cerca, deshace la «respiración de la mala suerte», que siempre se esparce en líneas rectas. En general, el espejo suele tener una forma circular y está rodeado por las ocho inscripciones en tres letras del *Libro de los Cambios* chinos, el *I Ching*.

La demolición de los muros, el cierre de las ventanas viejas y la apertura de nuevas o simplemente la introducción de objetos con formas particulares, como *pagodas* y *pirámides*, representan las técnicas correctoras a adoptar. Se dice, por ejemplo, que cuando la entrada principal del Hyatt Hotel de Singapur fue modificada según los principios geománticos, el trabajo aumentó vertiginosamente.

Descubrir los puntos negativos

Hay varios métodos caseros para aislar las zonas dañinas de la casa. Los animales domésticos son un óptimo indicador natural. El gato adora enroscarse en el lugar en que se encuentran los puntos con energía magnética superior, mientras que los perros los evitan.

Otro experimento útil puede llevarse a cabo con la ayuda de una radio. Acompáñese de un aparato portátil de FM, regúlelo en alguna frecuencia libre de transmisiones de radio. Después, atraviese lentamente la habitación de norte a sur. En cuanto note algún ruido inexplicable, eso querrá decir que está atravesando un punto de alta energía magnética (el muro de Hartmann); repita el experimento de este a oeste y sabrá dónde se encuentran los diferentes puntos activos.

En las proximidades de estos puntos no deben situarse camas, mesas, escritorios, divanes y sillones. Muchos insomnios, estados de desgana, calambres musculares, nerviosismo o cambios en el apetito, son la causa de una mala disposición de la casa y de los muebles. Así, y a modo de ejemplo, hay que destacar

que en muchas horas de nuestra vida las pasamos en la cama, precisamente aquellas en que el cuerpo está más sensible a las interferencias y es más vulnerable a las agresiones. Hay diferentes remedios a los que se puede recurrir, en caso de experimentar alguna de estas situaciones de malestar ambiental y no poder modificar la configuración de la casa o la disposición de los muebles.

Uno de los instrumentos más útiles para estos casos es la *pirámide equilibrada*. La energía positiva que brota de este objeto logrará oponerse tanto a los nudos negativos como a la «respiración de la mala suerte», y garantizará una mayor serenidad física y, por qué no, una influencia positiva en el desarrollo vital.

La importancia de los colores y las formas

Todos los elementos de los edificios chinos tradicionales se han establecido a partir del Feng Shui. Lo que pudiera ser un simple adorno en realidad tiene un significado concreto y una función simbólica. Los dragones en los techos, característica de la arquitectura china, simbolizan el vigor y el poder de los dioses, y son un recurso para alejar las influencias malvadas. Los dragones-peces son emblemas de la sucesión. La tigresa blanca ubicada en el lado derecho de los palacios y el dragón verde, en el izquierdo, simbolizan a los guardianes del bien. Alguna vez, en sustitución de estas figuras, a la izquierda aparece la inscripción *loong yin*, «el dragón habla», y a la derecha *hu xiao*, «la tigresa ruge».

También los colores son importantes: cada uno tiene un significado en la tradición china, reflejado en la decoración de las obras arquitectónicas. Los colores se eligen con sumo cuidado para poder contrastar las influencias negativas y potenciar las positivas.

El rojo, el color de mejor presagio, refleja el Yang, o el principio activo, es el símbolo de la virtud y de la sinceridad, y sirve para aportar buena suerte y felici-

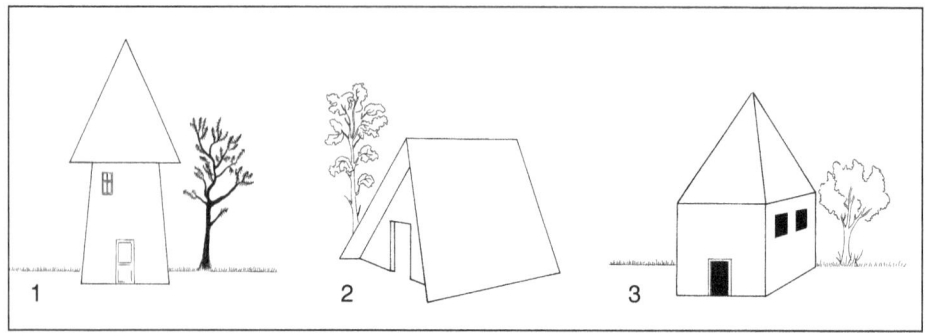

Algunas reglas del Feng Shui se basan en la forma de los edificios: 1. Un edificio de este tipo delante de la entrada de nuestra casa, tiene una influencia negativa: hay que recurrir al espejo y a la pirámide equilibrada; 2. Los techos que caen hasta llegar a su base se consideran infaustos; 3. Los techos de esta forma son fuentes de «respiración negativa»

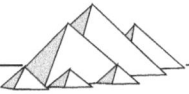

Atributos de Yin y Yang			
Yin es	*Yin es*	*Yang es*	*Yang es*
la oscuridad	lo femenino	el día	lo masculino
lo pasivo	la luna	lo activo	el sol
la lluvia	los números impares	la luz del sol	los números pares
el agua	la tierra	las montañas	el cielo
el invierno	el frío	el verano	el calor
la tigresa		el dragón	

dad a los habitantes de la casa. El amarillo, que en el pasado era el color imperial, simboliza la tierra y es el portador del Yin, o el principio pasivo. Se utilizaba para las sepulturas y para adquirir la protección geomántica: contra las fuerzas malignas que se esconden en los pasillos oscuros, a menudo vienen escritas las fórmulas mágicas en papel amarillo. El verde se asocia con el bosque y representa el crecimiento, la juventud y la larga vida. El blanco indica la pureza, pero también pena y luto; es un color adverso, pero, aun así, se utiliza en amplias superficies, como, por ejemplo, las paredes de las habitaciones.

El Feng Shui y el Tao

El estudio del Feng Shui deriva de la comprensión de la función del Tao en el interior de la naturaleza y de la humanidad. A través de esta comprensión la humanidad puede seguir el camino del Tao y estar en armonía con el universo.

La filosofía occidental enseña que vivimos en un mundo hostil y que debemos conquistar y dominar la vida. En la práctica del Feng Shui es necesario adoptar una visión diferente, en la que estamos en el mismo plano que la naturaleza, antes que ser sus dueños. Debemos comprender que el conocimiento es el poder de colaborar más que de crear. Por lo tanto es importante comprender que la energía primordial del Tao es la esencia de la vida.

La forma humana es una simple cáscara, una estructura que no es permanente. Cuando es vieja y frágil, la cáscara se desintegra y la energía que estaba en su interior vuelve al universo. Lo que hace a los hombres diferentes de las plantas o de los minerales es la cáscara, es decir, la parte que no es permanente. Aquella permanente, la energía primordial del Tao repartida entre todo lo creado, no puede nacer ni extinguirse; esta energía primordial da vida a una forma y es liberada en el cosmos, una vez que esta se ha disuelto, para darle después vida a otra forma.

Cada esencia, cada forma, tiene una función en el interior del universo puesto que deriva de la misma energía primordial y debe volver a ella con el paso del

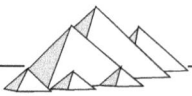

tiempo. Por este motivo, el Feng Shui intenta buscar el equilibrio entre las cosas y no el dominio de una sobre la otra.

La finalidad de la pirámide *equilibrada*, y la de los otros instrumentos ideados por el Feng Shui, sirve para ayudar a este principio. Lo que se intenta buscar es el equilibrio benéfico de las fuerzas, y no la superioridad de una sobre la otra. La pirámide, como estabilizador de energías (acción de equilibrar), tiende a absorber las energías cuando abundan en exceso o a dar libertad a las energías cuando estas no están presentes en cantidad suficiente.

Veremos en los siguientes ejemplos cómo utilizar este potente instrumento para reproducir la armonía universal en los ambientes y en los sucesos cotidianos de nuestra vida.

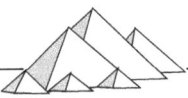

El Feng Shui y la pirámide equilibradora

En casa

Examinaremos los diferentes lugares de la casa, teniendo en cuenta los valiosos consejos que proceden del Feng Shui y de la disciplina occidental de la bioarquitectura, con la intención de fijar las reglas fundamentales para asegurarnos flujos de energía positivos en el interior de la vivienda. Estas reglas van desde el análisis estructural de los lugares (orientación, forma, tamaño) hasta la disposición de los muebles y de los objetos de decoración. Para cada lugar concreto de la casa valoraremos los consejos que provienen de estas disciplinas y las eventuales correcciones que hay que considerar en el domicilio, ya sean de proyección, construcción o decoración. Allí donde no fuese posible realizar las modificaciones pertinentes, se podrá recurrir a la pirámide equilibrada para modificar las influencias negativas existentes.

LA ORIENTACIÓN ÓPTIMA DE LA CASA	
Orientación	*Actividad*
Norte	Es el lugar de la casa destinado al sueño
Sur	Es especialmente expansivo: es el punto perfecto para celebrar fiestas y reuniones mundanas
Este	Ideal para las actividades que requieren mucha energía, como los ejercicios de gimnasia, planificación de programas, idear nuevos proyectos. Y también es el lugar adecuado para reunir a la familia, preparar y consumir los alimentos
Oeste	Actividades de relax y tiempo libre; actividades artísticas y creativas (para estas últimas, lo ideal es la orientación sur-oeste)

Cómo fluyen las energías en el interior de la casa

Cada estructura presente en la casa, ya sea arquitectónica o bien decorativa, influyen en el recorrido del flujo de energías en el interior de la vivienda. Es necesario tener en cuenta que la energía recorre continuamente el interior del perímetro de la casa, entrando por unos puntos concretos y saliendo por otros (puertas/ventanas). Durante su pasaje, puede quedar influida por objetos que se encuentren en su camino, y por las aperturas de la casa, que pueden desviar su recorrido y producir formas concretas.

La energía que recorre la casa puede realizar:

• *Giros concéntricos*, entrando por una apertura y saliendo por otra, manteniendo una posición de desfase en relación a la apertura por donde entró. Este tipo de energía provoca una sensación de incomodidad en correspondencia con el flujo y una sensación de estancamiento en los puntos más lejanos por los que pasan las energías.

• *Una trayectoria recta*, si las aperturas (la de entrada y la de salida) están situadas una enfrente de la otra. En este caso tendremos una sensación de incomodidad en correspondencia con el flujo y el estancamiento en los puntos más distantes del canal de energía.

• *Una curva*, si solamente hay dos aperturas y están situadas en la misma pared, o en paredes contiguas. Esta situación tiende a crear una sensación de bienestar durante todo el recorrido de la energía pero de estancamiento y falta de dinamismo en los puntos de la habitación que no hayan formado parte del canal del recorrido.

• *Un anillo*, si solamente hay una apertura en el interior del local. Este tipo de energía crea una gran confusión e incomodidad en las proximidades del flujo de las energías y, sobre todo, cerca de la única apertura existente.

• *Un flujo abierto*, si en el local hay tres o más aperturas. Esta particular situación da un aire de vitalidad a todo el ambiente que resultará bien equilibrado desde un punto de vista energético. Los puntos en los que se descansa más tiempo son los ángulos de la habitación en

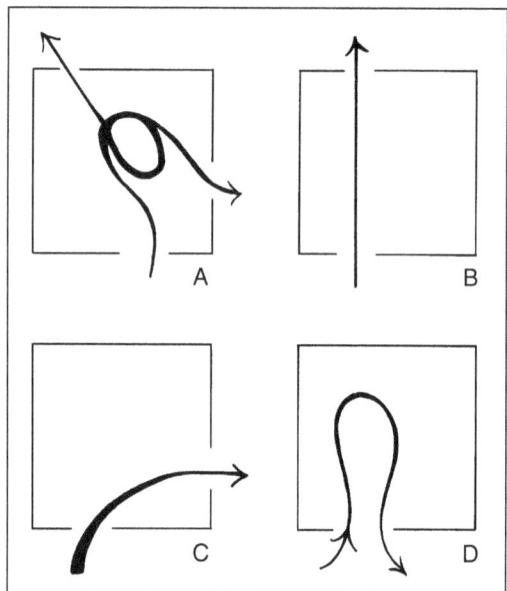

A. Flujo abierto; B. Trayectoria recta; C. Trayectoria en curva; D. Trayectoria de anillo

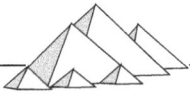

los que se aconseja colocar la mesa para comer o la cama. Estos lugares favorecen las reuniones familiares (aportando bienestar a la familia) o el reposo (al vigorizar las energías y proteger de las enfermedades orgánicas).

Las paredes divisorias y las cortinas son muy útiles para modificar el flujo en sentido armónico y difundir de una manera más adecuada la energía positiva. Los muebles, sin embargo, pueden alterar el recorrido del Ch'i. Es necesario estar muy atentos a la hora de escoger la posición exacta, sobre todo de las mesas, camas, escritorios y sofás.

La entrada

La puerta de entrada de la casa es el pasaje más importante para el Ch'i, responsable del Feng Shui en la casa. La entrada es el punto en el que se puede percibir con más facilidad el Ch'i que reside y donde es posible localizar la esencia vital de toda la casa. Quien entra percibe las informaciones sobre el estilo de vida y sobre la personalidad de quienes viven allí.

Si al entrar en casa uno no se encuentra bien, no se siente cómodo y sereno, sino cargado, quiere decir que las energías no son positivas. Lo primero que tiene que hacer la persona que vive allí es ordenar la vivienda, empezando por la entrada y eliminando los elementos superfluos e inútiles. A menudo tenemos cosas que no empleamos, y que permanecen arrinconadas en un lugar durante bastante tiempo, hasta que nos deshacemos de ellas; en estos casos, el Ch'i no es beneficioso. Tenemos que eliminar el pasado y dar opciones al futuro; deshacernos de los objetos viejos y hacer sitio a los nuevos, norma común en muchas culturas.

Es bueno poner en la entrada cualquier cosa que sea prác-

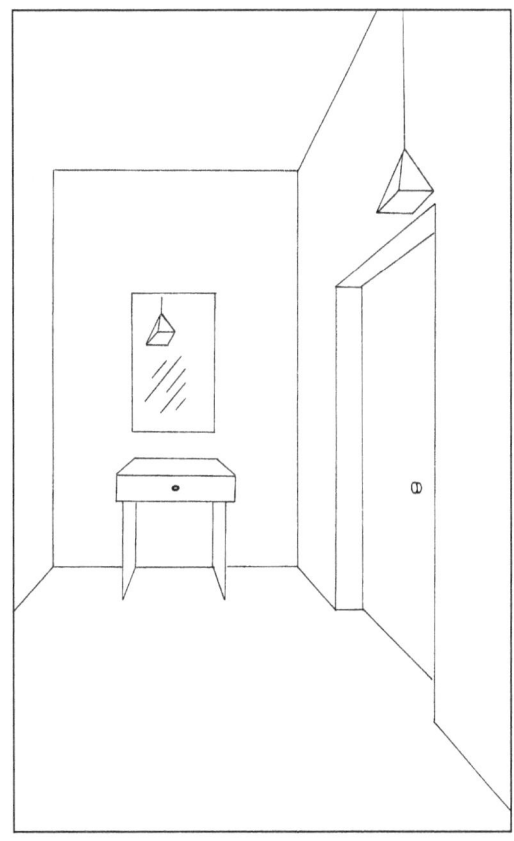

He aquí cómo utilizar la pirámide equilibrada, acompañada por un espejo, para potenciar un ambiente agradable en la entrada de la vivienda

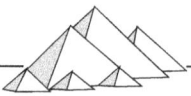

tica, bonita y armoniosa, que aporte a la persona que acaba de entrar un estado de ánimo óptimo. Una buena luz, un espejo que amplíe el lugar, pero que no esté situado enfrente de la puerta (porque se refleja en él el exterior y, si fuera hay energías negativas, pueden entrar en casa), la presencia de plantas, etc., puede contribuir a armonizar el ambiente y atenuar la sensación de incomodidad.

Si no fuese posible realizar estos cambios, o si la presencia de estos objetos no reduce la sensación de incomodidad, se puede recurrir a la pirámide equilibrada, colocándola sobre la jamba de la puerta, en el interior de la vivienda. En este caso, no tendrá que apoyarse sobre la puerta de entrada o sobre una repisa fijada en la pared, sino suspendida en el aire con la punta apuntando hacia arriba, a través de un hilo de nailon o de algodón (para evitar todo lo que sea de metal, como cadenas o alfileres) sujeta al techo. Para reforzar su poder, es bueno situar un espejo que refleje la imagen de la pirámide, amplificando así sus características.

En resumen, para tener un Ch'i favorable, hay que tener en cuenta las siguientes condiciones:

- la puerta debe abrirse hacia el interior de la casa y en los dos lados de apertura (tanto por dentro como por fuera) es aconsejable que haya luz;
- si la entrada es pequeña y enseguida encontramos otra puerta, también la segunda deberá abrirse hacia el interior;
- la entrada de una casa tiene que dar una sensación de armonía, de espacio y de apertura. Las entradas pequeñas y oscuras impiden disfrutar de un buen Ch'i, siendo un obstáculo para cualquier evolución positiva de la familia;
- la puerta de entrada no tiene que estar en el interior de la sala de estar, sino precedida por una entrada o, en ausencia de esta, por una pantalla que haga de filtro;
- también los pasillos largos y poco iluminados son negativos, porque tienden a dispersar el Ch'i. Una solución puede ser colocar cortinas en las paredes de forma intermitente, para dar la sensación de movimiento y apertura en ese espacio;
- hay que evitar que estén juntas dos puertas de entrada (una principal y otra secundaria), ya que impiden que en el interior de la vivienda fluya el Ch'i, que, entrando por una puerta, saldría inmediatamente por la otra apertura;
- edificios que estén ubicados a más altura que la entrada de la casa, caminos de acceso rectos y altos, ángulos en los edificios que apuntan directamente hacia la dirección de la puerta de entrada de la vivienda, son desfavorables para el Ch'i.

¡Atención!

Cada vez que se origine una situación desfavorable y no sea posible restablecer el Ch'i positivo, es necesario equilibrar el flujo de energía recurriendo a la pirámide equilibrada, *colocándola en una posición desde la que pueda desarrollar su acción benéfica.*

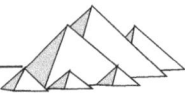

La cocina

La salud de las personas está unida a dos factores principales: la calidad del sueño y la de la alimentación. Por lo que se refiere a este último aspecto, además de la importancia de la calidad de la comida, es fundamental que el lugar en el que se prepara y se consume tenga unas condiciones óptimas.

Según las teorías chinas, en la zona de la cocina hay dos fuerzas importantes, complementarias pero al mismo tiempo opuestas. Fuego y Agua, sabiamente armonizadas. La unión armónica de estos dos elementos genera fuerzas positivas que influyen en el equilibrio del núcleo familiar.

La cocina debe estar en la pared del este o en la del sur, donde el viento de las energías sopla favorablemente hacia el elemento Fuego, según la orientación que el antiguo arte del Feng Shui asigna a la energía, a la reunión familiar y a la preparación y desarrollo de los proyectos para el futuro.

Todo lo que hay en la cocina que haga referencia al agua debería estar situado en el norte y, por lo tanto, separado del fuego o, mejor aún, contrapuesto con el elemento Fuego. Para obtener un Feng Shui más óptimo, la puerta de la cocina debería oponerse al cuarto de baño, lugar destinado a la evacuación y abandono de energía, y que desarrolla la función opuesta al acto de comer.

En resumen, para obtener un Ch'i favorable, en la cocina es necesario que:

- el local ocupe en su totalidad la parte este o sur de la casa;
- Agua y Fuego estén en las dos paredes opuestas de la habitación, preferiblemente en el norte el primero y en el este el segundo; al mismo tiempo que la cocina y el frigorífico tienen que estar opuestos (este electrodoméstico es muy similar a la lavadora y, por lo tanto, pertenece al mundo del agua);
- la mesa debe estar situada en un ángulo si el recorrido de la energía es de *flujo abierto* o entre las dos aperturas (puerta y ventana, en el caso del *flujo en curva*);
- cocina y cuarto de baño deben ocupar los lados opuestos de la casa;
- tiene que haber una cierta separación (por ejemplo una mampara o un biombo) entre el lado destinado a preparar los alimentos y el destinado a su consumo; si no fuese posible, se puede colocar encima de la cocina una campana extractora con forma piramidal o, en su ausencia, colocar la pirámide equilibrada sobre una repisa en la pared en la que esté el Fuego;
- la mesa para comer no tiene que ser visible desde la puerta de entrada de la casa, porque sería directamente asaltada por el Ch'i en cuanto entrase.

La sala de estar

Es aquel lugar en el que la familia pasa muchas horas o donde se reciben a los amigos; por eso, debería estar siempre en el lado sur de la casa y ocupar una posición central. Es necesario poder acceder fácilmente y de un modo lineal. Todo el interior de esta habitación tiene que ser armónico y natural.

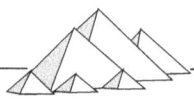

A la hora de decorar la sala de estar, hay que utilizar elementos elaborados con materiales naturales como la madera, la seda natural, el cristal, y hay que evitar todo lo que no exista en la naturaleza.

Sobre el lado sudeste no debe faltar una pequeña fuente en la que brote el agua y corra por unas piedrecitas. El sonido del agua entre las piedras y el fluir de

Para tener una sala de estar libre de influjos negativos es una buena idea poner un acuario y anular la perturbación causada por la televisión con una pirámide equilibrada

Los poderes del agua

El agua es quizás el símbolo más popular y potente para la riqueza y representa la prosperidad económica. Para activar este símbolo, es conveniente analizar la dirección de un curso eventual de agua ubicado en las proximidades de la casa. Si se vive en un piso, la dirección del agua se relaciona con la totalidad de la vivienda. Hay que distinguir entre las «grandes aguas», es decir, ríos, lagos y mares, y las «pequeñas aguas», como espejos de agua artificiales y descargas de agua. Para activar las grandes y las pequeñas aguas, hay que tener en cuenta las siguientes reglas: que el agua sea visible desde la entrada; el agua que fluye por detrás de las habitaciones significa pérdida de oportunidades; comprobar que la dirección del agua sea favorable para vosotros. La dirección favorable para su transcurso es de izquierda a derecha (resguardando la entrada de la casa) por las habitaciones, con una orientación sudeste, sudoeste, noreste y noroeste; y de derecha a izquierda para las que tienen una orientación norte, sur, este y oeste.

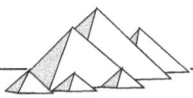

este elemento favorecen la reflexión y la relajación, y permiten encontrar un Ch'i positivo. Como alternativa, también se puede instalar un acuario con diez peces, como símbolo de crecimiento y de evolución.

La presencia de muchos libros no siempre es positiva: estos, por el hecho de ser rectos y delgados (todos los libros tienen esquinas) influyen en el recorrido de las energías. Si la estantería se encuentra en el recorrido del flujo de energía, es necesario recurrir a la pirámide equilibrada, que se situará en el centro de la estantería.

Para la colocación de la mesa, sirven las mismas reglas que se han indicado para la cocina. Finalmente, hay que destacar que el televisor, por las radiaciones que emite y los campos electromagnéticos que desarrolla, resulta dañino para el Ch'i de la casa. El aparato debería ser aislado en un mueble que se pueda cerrar y cuyas puertas contengan un espejo opuesto al cinescopio. Hay que evitar que esté en el dormitorio o en lugares destinados al descanso.

El dormitorio

Al menos un tercio de nuestra vida lo pasamos descansando: el dormitorio cumple una función especial, ya que muchos estudios han evidenciado que, durante el descanso, el hombre es más vulnerable y puede verse influido por los campos magnéticos e influjos de energía. Por lo tanto, hay que prestarle una atención especial en la decoración de la habitación y en la colocación de la cama.

La cabecera de la cama debería estar orientada hacia el norte, zona destinada al descanso y a la recuperación de energías. Alrededor de la cama y sobre todo detrás de la misma, no deberían haber circuitos eléctricos, relojes, radio-despertadores ni ningún aparato eléctrico. Hay que evitar la presencia de objetos magnéticos o con imanes. Hay que descartar la presencia del ordenador, televisores, aparatos de música o aquellos que emitan campos magnéticos.

En cuanto a la posición de la cama, es necesario evitar dormir con la cabeza orientada hacia la puerta o hacia un cuarto de baño. También por tener los pies situados hacia la puerta se puede tener un Feng Shui negativo.

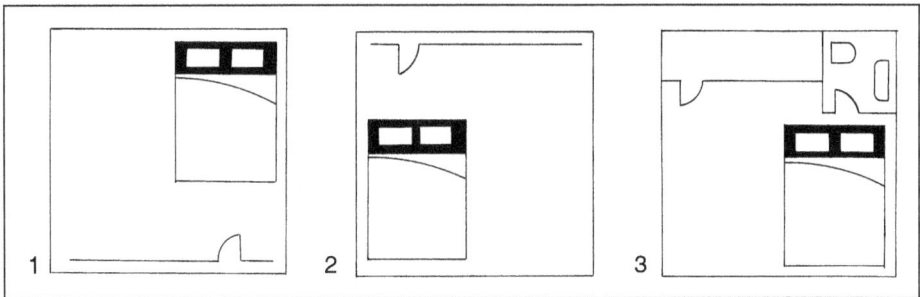

Posiciones de la cama que no son correctas: 1-2. Evitar dormir con la cabeza o los pies orientados en dirección a una puerta; 3. Evitar dormir con la cabeza orientada hacia la pared de un cuarto de baño

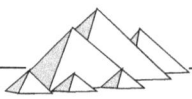

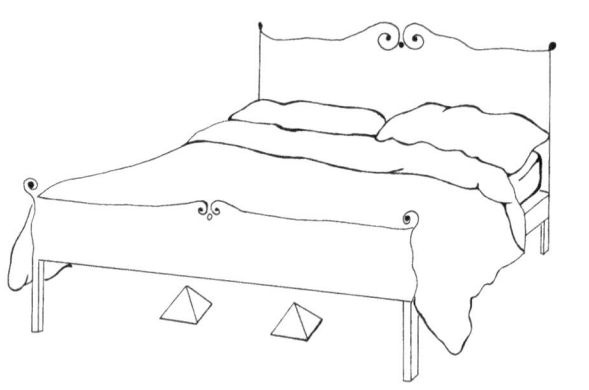

En el dormitorio se pueden anular los eventuales influjos negativos, poniendo una o dos (si la cama es de matrimonio) pirámides equilibradas debajo de la cama, con la punta dirigida hacia la persona que duerme

Debajo de la cama no tiene que haber nada porque el espacio entre el somier (preferiblemente los de láminas de madera, y no los de hierro) y el suelo debe estar vacío para favorecer la descarga de energías. Si no fuese posible, debido a situaciones logísticas, ubicar la cama siguiendo estas reglas, habrá que recurrir a la pirámide equilibrada, que deberá colocarse debajo de la cama, con la punta dirigida hacia la persona que duerme y en correspondencia con la pelvis; en una cama de matrimonio hay que colocar una pirámide para cada persona.

El cuarto de baño

En la doctrina del Feng Shui, el cuarto de baño es un lugar negativo porque en él se desprenden los materiales orgánicos del hombre y también se pierden las energías y los flujos positivos. Y, al no ser posible evitar su presencia en el interior de la casa, deberá ocupar un lugar poco visible, preferiblemente en el lado norte de la vivienda. Hay que evitar que la puerta de entrada al cuarto de baño esté situada en la cocina, sala de estar o en la entrada de la casa. Y en ningún caso podrá estar en el centro del piso.

Las tuberías de la cocina y del baño han de estar separadas. Nunca deben atravesar las otras habitaciones. Cualquiera que sea la orientación de las estancias y su conformación, es bueno poner lo más cerca posible del váter la pirámide equilibrada. Esta funcionará como catalizador de energía al absorber y retener las energías positivas que tienden a salir de la habitación a través de las sucesivas descargas.

La habitación de los hijos

El este es el punto en el que el sol sale y crece; es el lugar ideal para ubicar la habitación de los hijos. El este representa la fuerza vital, estimula la vida y, por lo

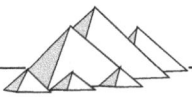

tanto, es un lugar especialmente apto para favorecer el desarrollo y el crecimiento de los hijos. Hasta los 14 años, la cama también estará en la posición este, para continuar después con la orientación hacia el norte, que es característico en los adultos. También en esta habitación hay que evitar la presencia de ordenadores, televisores y aparatos electrónicos, porque los niños son mucho más sensibles a los campos electromagnéticos generados por los electrodomésticos.

La habitación en la que los niños juegan debería estar separada de donde esté la cama, aunque sea sólo con una simple cortina o lámina de madera. Como prevención es aconsejable colocar una pirámide equilibrada debajo de sus camas, para absorber todo el influjo negativo.

Principales mejoras que aporta la pirámide		
Muebles	*Feng Shui*	*Pirámide*
Entrada en posición errónea		colgar la pirámide con un hilo de nailon en el techo de la entrada y que la punta mire hacia arriba
Cama	colocar la cabecera en dirección norte; evitar que haya espejos cerca; procurar que por esa pared no pasen cables eléctricos; no utilizar despertadores eléctricos	la pirámide se coloca debajo de la cama, con la punta dirigida hacia la persona que allí duerme; en el caso de que sean dos personas, hay que poner una pirámide para cada una
Estantería	mueble cerrado de ante o cristal	poner la pirámide dentro del estante intermedio, en el centro del espacio que esté ocupado por los libros
Sillón	no ponerlo en el ángulo de la habitación	colocar en el ángulo opuesto la pirámide
Espejo en el dormitorio	orientar el espejo de manera que no se refleje la imagen de la cama ni de las personas que allí duermen	insertar en el campo que en él se refleja la imagen de la pirámide situada en la mesilla de noche o sobre un estante adyacente
Mesa para comer	es mejor situarla en la zona este o sur de la casa; nunca hay que situarla delante de la puerta de entrada o entre dos ventanas	la pirámide se coloca debajo de la mesa o, si hay un punto de luz sobre esta, colgarlo del mismo pero con la punta hacia abajo
Televisor	situarlo en el interior de un mueble que no tenga espejos en sus paredes	poner la pirámide sobre la parte superior del aparato, en el centro

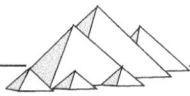

El trabajo y las actividades laborales

Si se busca un lugar en el que desarrollar una actividad laboral, hay que tener en cuenta el Feng Shui del edificio; observar que no haya sagitas secretas, obstáculos ni posiciones nefastas; controlar las características de las calles adyacentes, el tráfico y los edificios cercanos, sin olvidar la presencia de elementos eventuales favorables, como colinas o cursos de agua.

Los edificios rodeados por calles con poco tráfico tienen un Feng Shui favorable, como los que están cerca de parques y jardines. Si la entrada principal está situada en un espacio que no esté ocupado por edificios, esto es un signo de buen augurio para la actividad laboral, puesto que las energías benéficas se pueden acumular y crecer antes de entrar en el edificio.

Este aspecto fue muy importante, sobre todo para los dirigentes del Hong Kong Bank, quienes no descansaron hasta que su sede en Hong Kong no tuvo un espacio libre en el que poder gozar de una vista panorámica que llegara hasta el puerto.

Para llevar a la práctica esta idea, compraron los terrenos fronterizos a su edificio y los cedieron al Estado, con la condición de que no se remodelaran y se utilizaran como espacio público.

Los árboles y relieves u otras estructuras artificiales, si están en la parte posterior de un edificio, simbolizan protección; los edificios ubicados en la izquierda deberían ser más altos que los de la parte derecha, simulando la configuración clásica del dragón verde/tigresa blanca. En el análisis global del edificio, no hay que olvidarse de las vías de comunicación y del tráfico, que son un índice sensible a la hora de determinar la calidad del Ch'i presente en la zona. También hay que evaluar la forma y el aspecto de los edificios cercanos, su altura y sus dimensiones. Rodearse de edificios imponentes no es positivo. Y, por último, hay que tener en cuenta que, si el terreno es irregular, las zonas más bajas deben estar bien iluminadas.

Caminos y calles circundantes

Es importante prestar atención a las vías de acceso de un edificio y observar la afluencia de tráfico. Los cruces con forma de T son nefastos, pero si el edificio se encuentra en el centro de una serie de calles que dan a una glorieta, en una posición algo más baja, goza de un óptimo Feng Shui, porque el Ch'i positivo se canalizará en el edificio en sí. Los que den a una glorieta, también tendrán un Feng Shui positivo, porque el tráfico induce a un flujo positivo que beneficia a los edificios. Cuantas más calles desemboquen en esta glorieta, mayor será el beneficio. Puentes, tangenciales de carretera y pasos elevados, no son propicios. Aunque se puede disminuir este inconveniente plantando un grupo de árboles para reducir el efecto visual de la calle. También hay que evitar que los edificios se asomen a cruces con forma de T o de Y.

Puertas y entradas

Como ya se ha dicho al hablar de la casa, el Feng Shui positivo de un edificio depende en gran medida de la entrada principal. Esta debe armonizar con el edificio y abrirse en una dirección que sea propicia. Una puerta amplia (tanto en altura como en anchura) y acogedora proporciona un Ch'i favorable. La presencia de plantas, tanto dentro como fuera de la puerta de entrada, también es positiva.

En general, la puerta de entrada debe estar en el sur o el sudeste, porque estas son las direcciones dispuestas para el desarrollo intelectual y económico.

Para poder obtener un Ch'i positivo en el trabajo, es importante que la puerta de entrada del local no asome a la del cuarto de baño. Y mucho menos que se abra desde otra puerta. Los mismos principios pueden aplicarse para una puerta secundaria.

Antesalas y salas de espera

Estas salas de acogida o recibimiento deben tener una iluminación óptima y ser cómodas y espaciosas. Una escasa iluminación, no puede dar al Ch'i la vitalidad y fuerza que necesita acumular antes de circular por el edificio. Si la entrada o admisión es estrecha, hay que recurrir a los espejos para dar sensación de espacio; estos no deben reflejar directamente la entrada. Sofás, sillas y escritorios no deben orientarse hacia la puerta.

Si no fuese posible realizar estas modificaciones, es necesario recurrir a la pirámide equilibrada, situándola al lado de la jamba de la puerta interior de la sala sin que toque la puerta. Es mejor colgarla con la punta hacia arriba, con un hilo de nailon o de algodón que cuelgue del techo. Para reforzar su poder, se puede colocar un espejo que mire hacia la pirámide y refleje su imagen.

La distribución de las camas y de los escritorios

Hay que evitar colocar los escritorios o trabajar debajo o al lado de vigas visibles. Las mesas de trabajo tienen que estar situadas de tal manera que se puedan realizar las tareas laborales de forma positiva.

La zona principal de trabajo debe estar colocada en el corazón del local. Hay que evitar colocar un despacho al final de un pasillo, ya que esto sería negativo y proporcionaría una «respiración negativa» que afectaría al edificio. Tampoco hay que ponerlo delante de un ascensor. Si dos despachos se abren, puerta contra puerta, estas deben estar perfectamente alineadas, para evitar todo tipo de altercados.

En el interior del local, las puertas deberían estar abiertas para permitir que el Ch'i circule libremente. Si la planta es irregular es necesario remediar el problema con espejos y puntos de luz, recordando que un local de planta cuadrada o rectangular es más aconsejable que uno de planta irregular. No hay que dejar nunca

abiertos ni los estantes ni las librerías (es mejor cerrarlos siempre con puertas o cristales).

El escritorio nunca debe colocarse de manera que dé la espalda a la puerta: simbólicamente es una invitación a la traición y a la puñalada por la espalda. También hay que evitar dar la espalda a la ventana, ya que, según el Feng Shui, esto representa carecer de apoyo. La posición ideal está en el ángulo opuesto a la puerta, entre dos paredes continuas, sin aperturas en la espalda, así funcionará como protección. La presencia de más puertas en fila, hasta llegar al lugar donde se trabaje, obstaculiza al Ch'i al quedar reducido.

Si no fuese posible observar estos preceptos, hay que poner en el escritorio una pirámide equilibrada para absorber todos los influjos y las energías negativas. En su interior, si es posible, sobre un pequeño pedestal situado a 1/3 de su altura, hay que poner un platillo con algunas gotas de miel que funcionará como «esponja absorbente». La miel debe cambiarse al inicio de la semana. Es mejor que se trate de un producto natural y no de una miel refinada a la que se le hayan podido añadir otros componentes.

El escritorio ideal

El tamaño ideal de un escritorio importante (para directores o administradores de alto nivel) tendrá unos 82,5 centímetros de alto, 150 de largo y un fondo de 85 centímetros.

Para los puestos intermedios, el escritorio ideal debe tener una altura de 82,5 centímetros, una longitud de 120 y una profundidad de 80. Para una secretaria hay que evitar los escritorios con forma de L; es preferible los de forma rectangular. En este caso, las dimensiones óptimas son: 82,5 centímetros de altura, 170 de longitud y 65 de profundidad.

Como se puede observar, la altura favorable es un poco mayor que la de los escritorios estándar. Para evitar inconvenientes a la hora de sentarse, se puede colocar una alfombra o podio debajo de la silla.

La acción benéfica de la pirámide

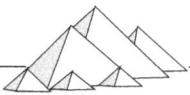

Pirámide y bienestar físico

La mayor parte de los conocimientos y de las experiencias sobre los poderes de la pirámide, que hacen referencia al bienestar psicofísico del hombre, provienen de civilizaciones, religiones y filosofías completamente diferentes las unas de las otras. Las más antiguas son las que derivan del estudio de la civilización egipcia; otras son el resultado de un cúmulo de disciplinas orientales similares que se recogen bajo el nombre de taoísmo chino, hinduismo y budismo hindú.

Antes de adentrarnos en las reglas prácticas que hay que seguir para conseguir un equilibrio psicofísico adecuado o para remediar algunos de los problemas físicos, examinaremos rápidamente algunas de estas concepciones básicas, sugiriendo algunas líneas de estudio o ejercicios prácticos para obtener los mejores resultados en la utilización de la pirámide.

El rejuvenecimiento físico y las propiedades del agua

Al examinar la historia de las pirámides egipcias se hace referencia a la tesis, cada día más acreditada, que estas construcciones no fueron realizadas como monumentos fúnebres que hospedaban el cuerpo terreno del dios-faraón, sino para garantizar, su rejuvenecimiento físico.

Más que monumentos, estas construcciones serían los instrumentos utilizados por los reyes para vivir más tiempo conservando su aspecto físico. No discutiremos qué grado de credibilidad tienen estas tesis en el mundo científico oficial, y mucho menos, si las pirámides poseen realmente esta capacidad, pero es importante revelar que esta teoría ha sido la base de una serie de investigaciones sobre la influencia de las pirámides en los procesos biológicos del organismo.

Vale la pena examinar brevemente las suposiciones de esta hipótesis y los sucesivos experimentos que esta ha inspirado, antes de describir los ejercicios y las propiedades terapéuticas de la pirámide.

La convicción de que algunas ceremonias mágico-religiosas están capacitadas para proteger la juventud de un rey para garantizarle un largo y próspero reinado todavía son hoy la base de muchas creencias de tribus africanas y amazónicas.

Sabemos con certeza que también en la civilización del antiguo Egipto existían prácticas similares. Los faraones celebraban el *Heb Seb* (hb-sb) para proteger el vigor juvenil y prolongar en el tiempo su reinado. En las paredes de los templos es posible encontrar numerosas representaciones de tales ceremonias, aunque sus detalles todavía son un enigma. Por lo que sabemos, todos los faraones egipcios celebraban el Heb Seb después de haber reinado durante un cierto número de años. Este rito presagiaba la muerte ritual del rey y su resurrección, en la convicción de que la prosperidad de un reino podía asegurarse sólo a través de un faraón fuerte y vigoroso tanto de espíritu como de corazón.

En líneas generales, es posible reconstruir la sucesión de los complejos ceremoniales que están unidos al Heb Seb, a través de la lectura de los jeroglíficos y de los dibujos encontrados hasta ahora. La primera fase consistía en la muerte ritual del faraón, cuyo cuerpo se colocaba en un lujoso sarcófago en el interior de la pirámide. No sabemos cuánto tiempo duraba la permanencia del faraón dentro del sarcófago, ni si este procedimiento se llevaba a cabo mediante catalepsia, hipnosis o a través del uso de drogas concretas, pero, una vez transcurrido el tiempo necesario, el soberano resucitaba.

Una vez llegados a este punto, estaban previstas una serie de pruebas que debían testimoniar el rejuvenecimiento del faraón. Una representación muy común muestra al faraón mientras corre rápidamente con una herramienta para trillar en una mano y un pequeño objeto en la otra. En el suelo se nota la huella de un circuito que se desenlaza en dos hileras de piedras con forma de cono, que el soberano debía recorrer cuatro veces. Evidentemente, sólo un rey rejuvenecido podía superar esta prueba. La presencia de la herramienta para trillar evidencia la prueba de fuerza. Sólo los jóvenes vigorosos podían utilizarla para desgranar las gavillas de trigo. Sin embargo, se ignora la función del objeto que llevaba en la otra mano.

En una de las salas del Heb Seb también aparece la figura del dios Min, el dios de la fertilidad, representado a menudo a través de un toro blanco con el falo erecto: probablemente esta es una de las pruebas del ritual también considerada de virilidad. Algunos textos mencionan otras pruebas de juventud, como invadir una fortaleza o destruir una ciudad, signo de que la ceremonia de resurrección también podía durar meses o años.

Las polémicas que ha suscitado la interpretación de esta ceremonia han sido enormes y se han centrado en la pretensión por parte de sus defensores de que este ritual no fuese simbólico, sino real, y por lo tanto unido a los poderes terapéuticos de las pirámides. Los partidarios de esta tesis utilizaron una serie de experimentos para demostrar la existencia real de las influencias benéficas que estos monumentos ejercen en el organismo.

Una de las mayores pruebas que sustentan esta teoría proviene de los estudios realizados con agua por el químico florentino Piccardi y el informático ruso Trincher.

El agua es un compuesto químico totalmente anómalo, tanto, que el gran hidrólogo florentino afirmaba que «el agua es el líquido más misterioso de la creación». Si fuese una sustancia como las otras, debería hervir a 230°; sin embargo, alcanza el punto de ebullición a 100 °C. A diferencia del agua, el resto de sustancias reducen su volumen al enfriarse; en cambio, esta posee un volumen dieléctrico de 80, que es altísimo si se compara con la medida de las otras sustancias, que es equivalente a 10. Y es esta última anomalía la que origina las demás porque el agua tiene «valencias desviadas». El ángulo de las valencias del oxígeno del agua es de 104°, por lo que el agua no es H_2O, sino que está formada por cinco H_2O.

Respecto a este tema, el premio Nobel Pauling afirma que «el agua es un polímero construido por cinco moléculas de H_2O colocadas en cinco ángulos de una pirámide de base cuadrada y de un ángulo de 52 grados». La similitud con la pirámide de Keops, cuya base es cuadrada y cuyo ángulo de elevación es de 52°, ha convencido a muchos investigadores de que esta representa, en realidad, el símbolo del agua.

Piccardi llevó a cabo una serie de experimentos en la célebre pirámide. Vertió en una probeta una solución de cloruro de bismuto mezclado con agua, y observó que el grado de precipitación de este compuesto variaba con las horas del día, las estaciones y las manchas solares. Además, y según numerosos experimentos, el compuesto se precipitaba con menos velocidad si la probeta se colocaba debajo de un recipiente de metal.

Continuó los experimentos con diferentes contenedores, uno de ellos fue una reproducción a escala de la pirámide de Keops. De tales pruebas dedujo que la mayor moderación (quince minutos) se obtenía al colocar la probeta debajo de la pirámide. Este dato puso en evidencia la existencia de radiaciones universales, capacitadas para alterar la estructura del compuesto, y cuyo resultado llegaba a su cenit si se empleaba esta figura geométrica.

Muchos otros investigadores tomaron nota de este descubrimiento para realizar una serie de experimentos sobre la influencia de la pirámide en enzimas y hormonas. El IEA, el Instituto de Estudios Avanzados de Argentina, realizó la mayoría y se llegó al descubrimiento de una influencia directa sobre las enzimas.

Se emplearon probetas que contenían diferentes tipos de preparados al aire libre, debajo de un cubo de metal y debajo de una pirámide. Todas las enzimas que se pusieron debajo de la pirámide presentaron variaciones de relieve, con altos porcentajes de rendimiento. Entre estas las mayores variaciones fueron encontradas en la ureasis (150 %), causante de la transformación de la urea en amoniaco; en la lipasa (70 %), sustancia que transforma las grasas en ácidos grasos y glicerina; en la invertasis (50 %), que transforma la sacarosa en glucosa, y en la amilasis (42 %), que desdobla el almidón en glucosa.

Con las hormonas se obtuvieron variaciones cualitativas, no cuantitativas, por lo que se afirmó el carácter puramente enzimático de la acción piramidal.

Para ampliar este tipo de investigaciones el ESP Laboratory de Los Ángeles realizó dos pirámides de una altura de 1,83 y 2,44 metros, respectivamente, para

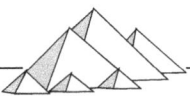

verificar los flujos de energía presentes en el interior de estas estructuras. Después de numerosos experimentos realizados con herramientas sofisticadas fueron individualizados en el interior de las pirámides centros de energía diferenciados, similares a los *chakras* del cuerpo humano. Más del 80 % de los participantes de estos experimentos afirmó que en el interior de estas estructuras se podía advertir una sensación de templanza tranquilizadora que alcanzaba su punto máximo al llegar a la altura de la cabeza y en sedestación con el busto derecho, mientras era molesta y generaba molestias físicas (dolor de cabeza, sensación de vértigo) si se permanecía de pie en el interior de la estructura.

Han sido formuladas muchas otras afirmaciones sobre las propiedades terapéuticas de las pirámides y se han efectuado muchos ensayos para poder explicar tales propiedades. La teoría que hoy día está más difundida afirma que en el interior de estas estructuras se acumulan una serie de energías no identificables que amplifican la capacidad de concentración de las personas y que tienen efectos terapéuticos en el cuerpo. También hoy en día está muy acreditada la teoría sobre la influencia de estas energías en la acción de las enzimas.

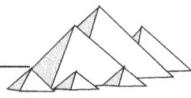

Pirámide, parapsicología y ESP

La parapsicología se ocupa del estudio de los presuntos fenómenos llamados *paranormales*, no explicables en función de las leyes científicas conocidas y que se verificarían gracias a poderes concretos atribuidos a algunas personas, lugares u objetos. De estos fenómenos se encuentra una amplia mención en la Antigüedad y se pueden hallar numerosos elementos y referencias en cada época y en cualquier parte del mundo.

El estudio científico de estos fenómenos comenzó a finales del siglo XVIII, periodo en el que se puso de moda la teoría del *magnetismo animal* del célebre estudioso F. A. Mesmer, pero el auténtico estudio sistemático de estas experiencias se concretó a finales de la mitad del siglo XX, cuando la difusión del *espiritismo* llamó aún más la atención de diferentes científicos sobre los presuntos fenómenos que sucedían en el transcurso de las reuniones de espiritismo o médiums. Así empezaron a formarse las primeras asociaciones de investigación sobre los fenómenos parapsicológicos. Entre estas, la más importante fue la *Society for Psychical Research*, fundada en Londres en 1882, seguida, en 1885, por la *American Society for Psychical Research*. En Italia, el primer proyecto de investigación científica sobre este argumento fue llevado por la *Società Italiana di Parapsicologia*, fundada en 1937 y reconocida oficialmente por el Estado en 1941.

A partir de los años veinte, este tipo de investigaciones se orientaron hacia una metodología más cercana a los criterios científicos, es decir, empezó a entenderse de una manera más moderna. Los primeros estudios fueron realizados por el *Instituto para el estudio del cerebro y de las actividades psíquicas* de Leningrado, donde el profesor V. M. Beckhterev fundó en 1922 un grupo de trabajo llamado *Comisión especial para el estudio de la sugestión mental*.

Contrarios a los criterios científicos declarados, la comisión dio por descontada la existencia de tales poderes, centrando los esfuerzos en el estudio de su funcionamiento y sobre la posibilidad de desarrollo. En la base de estas investigaciones estaba la teoría «del cerebro brillante», elaborada por el psiquiatra italiano

F. Cazzamalli, según la cual, la *Peredacha Myslej* («Transmisión del pensamiento») dependía de un factor de naturaleza física, que probablemente estaba unido a fenómenos de carácter electromagnético. Cuando murió Beckhterev, en 1927, la dirección del comité fue asumida por Leonid M. Vasiljev, quien se dedicó a la investigación durante cuarenta años, profundizando en la posibilidad del «telemando» de los seres humanos mediante la hipnosis a distancia y la transmisión de imágenes y mensajes a través de la telepatía.

El investigador que más sensibilizó a la opinión pública, sobre las posibilidades de estudiar científicamente los poderes extrasensoriales, fue el norteamericano J. B. Rhine, de la Duke University de Durham (Carolina del Norte, EE. UU.). Sobre este tema, en 1934, Rhine publicó un tratado rigurosamente científico titulado *Extra Sensory Perception*, que dio lugar a la célebre sigla ESP e interesó al mundo académico. Las técnicas adoptadas por la escuela de Rhine se basaban en la utilización de un número fijo y limitado de objetos, como por ejemplo, barajas especiales de 25 cartas figuradas divididas en grupos homogéneos de cinco, o de dados con varias formas y dimensiones. Sobre estos objetos se debían manifestar las presuntas facultades extrasensoriales. La simplicidad y la uniformidad de las pruebas permitían realizar numerosos experimentos homólogos y valorar los resultados desde un punto de vista estadístico y cuantitativo.

Este trabajo, efectuado con la metodología de la escuela norteamericana en todos los países del mundo, ha dado resultados que parecen indicar la posibilidad de percepciones, particularmente en sujetos y en ciertas condiciones, sin tener como medio las comunes vías sensoriales. Otras manifestaciones más clamorosas, como por ejemplo la levitación, científicamente son *sub iudice* por la excepcionalidad de estos fenómenos, la escasez de participantes y por las condiciones en las que se llevan a cabo los experimentos.

LAS CUATRO FUENTES DE LAS MANIFESTACIONES ESP

J. B. Rhine catalogó las manifestaciones ESP en cuatro fuentes principales:

• *la* telepatía, *o sea, la capacidad de leer el pensamiento y de transmitir o recibir auténticos «mensajes mentales»;*

• *la* clarividencia, *llamada por los antiguos la «segunda vista», es decir, el poder de ver con los ojos de la mente cosas o sucesos distantes, a veces a miles de kilómetros;*

• *la* precognición, *unida a la capacidad de predecir hechos que se desarrollarán próximamente o en un futuro lejano;*

• *la* psicocinesia *o* telecinesia, *o sea, la habilidad de mover objetos con el pensamiento.*

También los *espers* o *scanners* (términos que designan a los poseedores de los fenómenos de ESP en los cuentos y en las películas de ciencia-ficción) se divi-

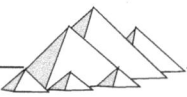

dieron en diferentes categorías: *espers accidentales* (sus poderes sólo se manifiestan en situaciones concretas, para desaparecer después para siempre), *espers habituales*, que poseen poderes ESP, pero no están capacitados para controlarlos y, finalmente, los *espers reales*, capaces de utilizar sus facultades como mando.

Según Rhine, el ser humano posee una pequeña dosis de ESP. ¿Es una confirmación? Intente observar a cualquiera que le vuelva la espalda. Comprobará que, transcurridos unos minutos, la persona observada empezará a sentirse incómoda y se volverá hacia usted. Es como si hubiese sentido «el peso» de su mirada, un peso que, desde un punto de vista físico, no tiene ninguna razón para existir.

Otra línea de estudios es la surgida hace poco de los experimentos sobre permanencia en el interior de las llamadas *pirámides de tienda*, estructuras piramidales que reproducen en escala la gran pirámide de Keops. La mayoría de quienes han experimentado los efectos de estas estructuras han notado que sus facultades extrasensoriales aumentaban.

Sobre esta investigación se han centrado institutos de gran relevancia, como el ESP Laboratory de Los Ángeles, que realizan experimentos sistemáticos sobre la potencia de las pirámides para amplificar los poderes y las capacidades extrasensoriales de la mente humana.

A la esfera del ESP también pertenecen otros poderes, como la psicometría (practicada entre otros por Gerard Croiset), es decir, la posibilidad de «leer» la historia de un objeto mediante el simple contacto con este, y el *OOBE* (acrónimo de *Out of Body Experience*, «experiencia extracorporal»), es decir, la posibilidad de «vivir experiencias y sensaciones en un lugar distinto del que se encuentra el cuerpo físico»; «viajar» fuera del propio cuerpo.

Esta última experiencia, muy recurrente en las historias de los experimentadores de los poderes de la pirámide de tienda, hace referencia a la capacidad de viajar a través del llamado *cuerpo astral*. Esta identidad mantiene una unión entre el cuerpo físico mediante una especie de «cordón umbilical»; el cuerpo astral se mueve simultáneamente en dos dimensiones: una física auténtica y característica (en la que se ven los lugares que se está atravesando, siente los olores, etc.) y la «etérea», donde el tiempo y el espacio tienen diferentes valores de los que estamos acostumbrados.

Un cuerpo astral puede trasladarse de esta manera, en una décima de segundo, de Roma a Sidney o, sin más, hasta la luna (aunque algunos defienden que no se puede salir del planeta). Finalmente, un fenómeno que se ha contado con una sorprendente frecuencia por quienes han utilizado la pirámide de tienda, es la *microvisión*, un fenómeno particular de ESP, que permite penetrar en el mundo de lo infinitamente pequeño.

La experiencia citada no es ninguna novedad: ya en 1895 Annie Besaint, gran cultivadora del mundo de lo oculto, en colaboración con Charles W. Leadcott, emprendió una serie de experimentos durante cuarenta años sobre la exploración de la estructura interior de la materia a través de este procedimiento. Besaint y Leadcott contaron que habían visto el mundo de los átomos, que clasificaron en siete categorías dotadas de formas y características diferentes.

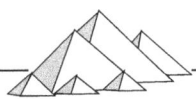

En sus descripciones había una buena dosis de fantasía; de hecho, algunas de las observaciones realizadas a través de la microvisión, sobre todo las que hacen referencia a la estructura molecular del benceno y sus componentes, fueron confirmadas sucesivamente por la física. De todos estos descubrimientos, el más inquietante es, sin ninguna duda, el de los «átomos de forma idéntica, pero compuestos de diferente manera», que los dos investigadores atribuían a una serie de alucinaciones. Cinco años antes de este último hallazgo, Besaint y Leadcott habían tropezado con los isótopos de algunos elementos, o sea, átomos constituidos por un número idéntico de protones pero diferente de neutrones, dotados de propiedades químicas idénticas que las del original, pero con características físicas diferentes.

¿Existe un sistema científico para valorar los poderes ESP, presentes en un sujeto? Rhine y otros investigadores crearon algunos métodos para reducir la posibilidad de utilizar trucos y favorecer las investigaciones científicas, aunque las facultades más increíbles ESP pueden ser simuladas por un buen ilusionista. The Amazing Randi, un gran prestidigitador norteamericano, ha logrado reproducir a través de habilidosos trucos, los célebres experimentos realizados por Uri Geller, *esper* israelita que destaca por su capacidad de doblar cucharillas y llaves y hacer que se pare un reloj a distancia.

Si en un programa de televisión con mucha audiencia alguien se presenta como un gran telépata y dice que puede detener los relojes de los telespectadores, ahora bien, seguro que, entre los millones de personas que han asistido a la retransmisión del programa, a alguien se le parará el reloj o se le doblará una llave de forma inexplicable. Y este alguien se lo contará a sus amistades (siempre gusta ser «víctima» de un experimento de este tipo, sobre todo si se es escéptico) o escribirá al programa, y en poco tiempo será universalmente conocido como un *esper* sin que su poder sea verdadero.

De los experimentos más famosos realizados hasta la fecha, citamos los del grupo Soal, Goldney y Shackleton, llevados a cabo entre 1941-1943, utilizando unas cartas especiales llamadas *Zehner*. La presencia de operadores humanos y la posibilidad de utilizar trucos fue la causa de las numerosas críticas que recibieron. De esta manera, recientemente, el profesor Helmut Schmidt, profesor de física de la *Mind Science Foundation* de San Antonio, ha inventado una máquina para valorar las capacidades ESP: el participante en el experimento se halla a solas con el aparato, que registra las respuestas exactas y las erróneas; la posibilidad de recibir influencias del exterior está descartada por completo.

¿EL ESP ESTÁ CIENTÍFICAMENTE CERTIFICADO?

En una encuesta realizada por el New York Times *el 29 de enero de 1980 se afirma que el 45 % de los científicos activos de Estados Unidos considera «muy probable» la existencia de poderes extrasensoriales; el 9 % está totalmente convencido de su realidad efectiva, mientras que el 46 % restante no cree en ellos.*

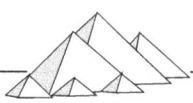

La pirámide y la meditación

En los últimos tiempos, muchas personas han adquirido tiendas con forma de pirámide (basadas siempre en la de Keops) para la meditación. Quienes las han probado, han notado inmediatamente una sensación de bienestar y han aumentado sus capacidades para la concentración. La experiencia a la que se hace referencia es la de una relajación general de todo el cuerpo, a la que sigue un estado de conciencia alterado, que permite al individuo concentrarse en niveles interiores de meditación más profundos.

Muchos de los que usan regularmente la pirámide para la meditación, hacen referencia a una disminución de la tensión nerviosa. Otros, afirman que han nota-

---

LOS MANTRAS

Se trata de una especie de lenguaje secreto, compuesto por palabras y fórmulas sagradas que tienen la capacidad de funcionar mágicamente también sobre la materia, de modo que ayudan en la curación de enfermedades, la revelación del amor, la victoria sobre un adversario y en el logro de la sabiduría. El mantra Om, que según el mito sería fruto de la meditación del dios Prajapati, coordina todos los lenguajes y representa la totalidad del universo.

El mantra Om

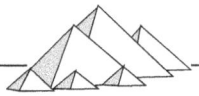

do una carga de energía psíquica muy intensa, una memoria más vivaz, recuerdos de encarnaciones precedentes, visiones, sueños, colores, formas, símbolos de gran belleza o sonidos concretos de una excepcional musicalidad. Por otro lado, algunas personas afirman haber oído claramente el sonido *Om* del mantra universal, asegurando haber recibido de esta experiencia una sabiduría e intuiciones muy profundas.

Las tiendas con forma de pirámide se utilizan para realizar actividades que van desde el sueño hasta la gimnasia más rigurosa. También se dan señales de experiencias de precognición, de viajes astrales, de comunicaciones telepáticas, de realizaciones de plegarias y de revitalización completa del ser; todo estos son fenómenos conocidos por los orientales y están cercanos a las propiedades y a las virtudes unidas al renacimiento de los diferentes chakras. Por lo tanto, se pueden establecer hipótesis sobre los influjos energéticos potenciados por la estructura, asimilables al interior de la pirámide para la meditación, que favorecen el recorrido de la energía por el interior del cuerpo y el renacimiento de los centros energéticos del organismo.

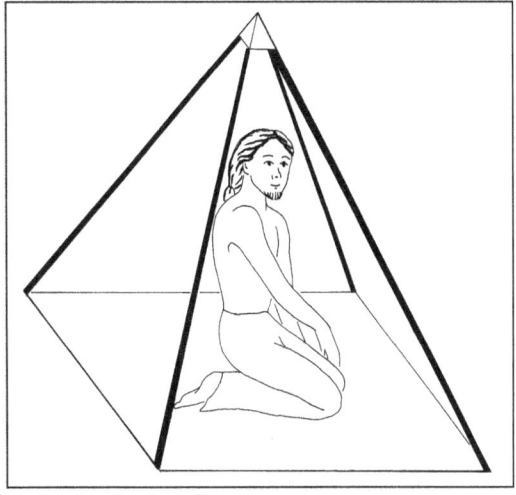

Una tienda con forma de pirámide favorece enormemente la meditación y permite vivir experiencias excepcionales mientras uno se renueva

Favorecer la meditación

Quien practica la meditación debe partir de la base de que el estado de conciencia que se investiga es abstracto, no tiene forma ni límites, fuera de los conceptos de espacio y tiempo.

La mente y la conciencia individual deben poder espaciarse libremente en la búsqueda de la conciencia cósmica, sin perder nunca de vista la sólida base de la realidad. Sin ella, la mente perdería su conciencia y su existencia.

Para lograr este objetivo, la tradición oriental sugiere recurrir a los símbolos psíquicos familiares a través de los cuales se plasma la mente. Los símbolos psíquicos representan los modelos en los que la conciencia podrá modelarse de forma particular. Como es sabido, la percepción del mundo externo constituye un modelo de la conciencia individual: cada uno representa el mundo que le rodea y el interior según su propia conciencia.

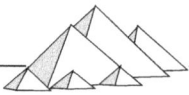

Durante la meditación, la mente debe concentrarse en símbolos psíquicos, que suelen estar divididos en tres categorías: la primera es la *ordinaria*; la segunda, *intermedia*; y, finalmente, la tercera se denomina *sutil*.

Los símbolos ordinarios pertenecen a la materia del mundo exterior, objetos o situaciones de cada día en los que la mente se concentra. Los símbolos intermedios aluden a los centros psíquicos y están representados por sonidos y figuras particulares. Y, finalmente, las representaciones sutiles adquieren la forma de ideas unidas a los conceptos de inmortalidad, eternidad y sentido divino. Estos presuponen la concentración y las reflexiones más profundas.

A nivel de conciencia, existen tres estadios a los que puede acceder el ser humano: en el primer estadio el individuo, una vez ha elegido un símbolo sobre el que presta su atención, puede imaginar la forma. Junto con el segundo estadio, el símbolo elegido trasciende la forma para evocar sensaciones o ideas unidas a él. Finalmente, el último estadio permite la visualización del símbolo a través del *continuum* de la transformación, percibiendo el pasado, el presente y el futuro.

El nivel de fruición varía de individuo en individuo y se refleja en su capacidad de concentración. Disfrutar más de un estadio que de otro, proceder hacia estadios más profundos, es fruto de un ejercicio que puede durar toda una vida. Cuando la mente está distraída, fluctuante, los objetos son como «visiones»; sin embargo, cuando la mente está tranquila y en armonía, el objeto se imagina desde su esencia.

Llegados a este punto, recordamos que el hombre vive sobre diferentes niveles de conciencia y que, por lo general, es consciente de una sola existencia, aquella que hace referencia al estado de conciencia pura. Los otros niveles, como el subconsciente e inconsciente, se desconocen: así, cuando se practica la meditación y nos concentramos sobre un símbolo psíquico, a nuestra mente no solamente llega aquel símbolo, sino también otras imágenes, es decir, otras figuras, inhibiciones, represiones, complejos y todo lo oculto en los planos más recónditos de la conciencia.

Siguiendo el símbolo psíquico originario, todavía brotarán numerosas imágenes que siempre harán fluctuar a la mente. Es fundamental no perder nunca de vista el símbolo que ha sido elegido, permanecer unidos a él y llevarlo al mismo

---

Yantra y mandala

El yantra es una especie de diagrama místico, dotado con poderes mágicos. Se trata de un gráfico, basado en formas geométricas, que ayuda a la visualización del interior. Si la estructura de base es circular, se habla de mandala, que en sánscrito significa círculo, órbita, disco y que constituye en el budismo y en el tantrismo una representación simbólica del cosmos, asociado a diferentes formas de meditación, desde las más simples hasta las más complejas.

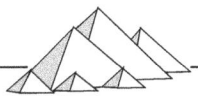

punto cada vez que la mente intente volar libremente: la conciencia empieza a manifestar su nivel inconsciente en el que el símbolo psíquico debe acudir en su ayuda.

Cada uno elige el símbolo que más le conviene y que debe formar parte de su naturaleza. Símbolos psíquicos que pueden ser muy eficaces son los mantra, ya sean como formas geométricas o como sonidos, los mandala, los yantra o los mismos chakras.

Técnicas y principios para la absorción de las energías en el interior de la pirámide

La postura

Las asanas constituyen uno de los elementos fundamentales de la experiencia, puesto que son esenciales tanto en las técnicas exclusivamente corporales, las que hacen referencia al ámbito físico, como en las referentes a la meditación, inherentes al ámbito mental. Veamos algunas de sus características:

> *LAS ASANAS*
>
> *Asana significa «postura» e indica una posición de yoga que se adquiere para favorecer la concentración o la relajación. Las posturas básicas han sido creadas, según el mito, por el dios Shiva y son 84, pero según la tradición deberían ser unos ocho millones cuatrocientas mil, de las que sólo 84 acreditan al hombre.*

Inmovilidad, controlar la respiración, ausencia de esfuerzo, concentración absoluta de la mente, son las características principales que distinguen estos ejercicios de la más común práctica deportiva o de la gimnasia. Cada deporte concentra su atención en la capacidad del músculo para contraerse y activar con la energía el aparato esquelético en su totalidad. En cambio, en las asanas, los músculos se estiran pero permanecen inmóviles. Se trata, en otros términos, de posturas que hacen que la musculatura adopte una posición de tracción estática, extrema, pero nunca incorrecta desde un punto de vista fisiológico. Las asanas activan la elasticidad de los músculos para potenciar la mente. Esta elasticidad tiene un límite, y al llegar a él se advierte una notable resistencia. Las asanas intentan sobrepasar este límite, de manera que la acción defensiva del músculo no sea fulminada. El esfuerzo a realizar es más mental que físico, se tiene que aprender a «dialogar» con el cuerpo a través de las prácticas de relajación.

Otra condición indispensable es concederse todo el tiempo que sea necesario: hay que alcanzar el resultado prefijado con tranquilidad y paciencia, nunca forzando los límites de cada uno, sino aceptándolos e intentando superarlos con dulzura y serenidad.

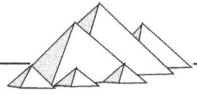

La inmovilidad

La inmovilidad, como hemos visto, es uno de los factores particulares de las asanas. En función del tiempo de mantenimiento de una asana, se pueden distinguir tres niveles de intensidad: inferior, medio y superior.

El *primer nivel*, o inferior, prevé una duración de la inmovilidad variable entre 1 y 2 minutos. Este es el tiempo mínimo necesario para que una posición pueda ser configurada por las asanas. Por lo general, es la duración que se requiere en los ejercicios más comunes del yoga, realizados sentados.

El *segundo nivel* prevé una duración que oscila entre 2 y 5 minutos. Obviamente, el paso del primero al segundo nivel nunca debe realizarse de una manera brusca, sino aumentando progresivamente la permanencia en esa postura, es decir, añadiendo algunos segundos a cada ciclo de posturas que se realizan estando sentado. De esta manera se puede llegar hasta unos 5 minutos de duración: en este caso la dificultad no estribará tanto en la postura que se tenga que realizar, que será más cómoda, sino en que no se podrán evitar otros movimientos, imperceptibles del cuerpo, que deben ser controlados totalmente.

El *tercer nivel*, cuya duración oscila entre los 5 y 15 minutos, distingue las asanas destinadas a los expertos. El aumento es gradual y presupone el control absoluto de la propia voluntad.

A estos tres niveles hay que añadir un cuarto, llamado *nivel máximo*, en el que la duración de cada posición puede prolongarse hasta las tres horas. A este nivel, objetivo primario en los antiguos textos de yoga, sólo pueden llegar los grandes yoguis hindúes o sus alumnos.

La ausencia de esfuerzo

A la hora de definir las asanas y distinguir de la común práctica deportiva, también hemos incluido entre sus elementos distintivos la ausencia de esfuerzo. Es necesario aclarar qué es lo que entendemos por esfuerzo: para realizar correctamente las asanas hay que contraer de manera muy vigorosa los músculos, pero sin llegar a superar los límites de la contracción normal. Un claro síntoma de esfuerzo y de error técnico es la vibración del músculo vinculado en la posición elegida. Si esto sucede, significa que el esfuerzo realizado es excesivo en relación con el ejercicio y se tendrá que interrumpir este ejercicio para retomarlo gradualmente con el paso del tiempo.

El primer objetivo que hay que intentar alcanzar desde el principio de la realización de las asanas es realizarlas sin esfuerzo. Para lograrlo, lo primero que hay que hacer es desinteresarse por los progresos o por el hecho de que estos no sean visibles. La indiferencia se opone a la idea de competición de quien practica algún deporte. Con la práctica cotidiana, sin la ansiedad de querer mejorar a toda costa, se logrará comprender de manera natural la técnica necesaria para realizar correctamente una asana, es decir, cuáles son los puntos de resistencia de los músculos y cuáles son sus capacidades de estiramiento. Ejercitándolos constantemente, se apren-

derá la manera de tratar los diferentes músculos en los que es inútil evitar la intervención de movimientos musculares ajenos a la postura que estamos practicando.

Por lo tanto, también las posiciones que aparentemente son más difíciles deberán realizarse y mantenerse sin contracción alguna, sin realizar ningún esfuerzo muscular, sino en un estado de relajación y gran naturalidad. En el momento en el que se logre obtener este resultado, entonces se podrá definir de una manera efectiva la asana, la postura que ha sido asumida.

La respiración

Otro elemento fundamental en la realización de las asanas es la respiración. Ya se ha tratado aquí la importancia de la respiración y de la simbología que la envuelve dentro de la cultura hindú. El *Prana* es el soplo del universo, la energía vital que recorre el microcosmos del hombre y lo mantiene vivo animándolo.

La respiración es el punto que une las diferentes asanas, las relaciona unas con otras y las anima; es su auténtico y verdadero centro vital. El concepto de inmovilidad hace referencia a la musculatura del cuerpo y no a la respiración, que debe ser dinámica en su vitalidad.

Los ejercicios que se realizan en el interior de la pirámide a través de las asanas deben caracterizarse por ser una cadena de fases respiratorias muy concreta, alrededor de la cual se realizan las diferentes posiciones a adoptar. Cada asana requiere un determinado tipo de respiración, tan importante como la postura que debe adoptar el cuerpo.

Existen diferentes sistemas para controlar la respiración (el *pranayama*), y cada uno tiene unas ventajas y características concretas.

Es muy importante el ritmo respiratorio para desarrollar la inspiración y la espiración. También en este caso hay más de un método eficaz: por ejemplo, se puede no intervenir en su ritmo, dejando que se determine automáticamente, de una manera natural. Otro sistema es el de equilibrar las dos fases (inspiración y espiración) para que las dos tengan igual duración.

Una técnica respiratoria correcta facilita la relajación de los músculos y su estiramiento, permitiendo mantener durante un periodo mucho más largo las asanas y, sobre todo, evita hacer esfuerzo. Hay que subrayar que, para mantener una asana, el individuo debe permanecer inmóvil, pero no pasivo. Al mantener una posición, la respiración permite que el nivel de atención sea alto, o sea, que esté latente la «presencia» mental del ejecutor, para que oriente su concentración en la dirección justa, es decir, controlando el ritmo respiratorio.

El control de la mente

En la realización de cualquier postura, no sólo es importante el aspecto físico (inmovilidad del cuerpo, duración de la ejecución, esfuerzo, respiración) sino

también el mental. Cuerpo y mente no son entidades distintas y separadas, sino que conforman una unidad inseparable.

La implicación del cuerpo se traduce siempre en la de la mente. Quien realiza una asana tiene que ser consciente de lo que le sucede a su cuerpo, debe interiorizar las sensaciones que están unidas a esta. El conocimiento de los movimientos musculares, las articulaciones, deben acompañar a la asana desde el principio hasta el final. En la mente debe crearse una imagen del cuerpo, en virtud de la cual se pueda percibir cada parte, y así corregir las eventuales asimetrías. Por ejemplo, es fundamental tener una conciencia total de las dos partes que componen el tórax (la derecha y la izquierda) y equilibrarlas, evitando que en el transcurso de la respiración un pulmón trabaje más que el otro.

En las asanas es primordial que todas las partes se equilibren en total armonía y simetría. La mente actúa en el cerebro, que es el responsable de las actividades del cuerpo, y tiene una función esencial al evitar cualquier tipo de descompensación.

Un factor que hay que evitar en la práctica de las asanas es la costumbre, o sea, el desarrollo «mecánico» de estas técnicas. Nunca tenemos que considerarnos expertos, sino actuar como si siempre contásemos con las primeras herramientas, para intentar descubrir cosas nuevas, con curiosidad y atrevimiento.

La concentración también es muy importante: no es necesario dejarse llevar por fantasías o perseguir otros pensamientos, hay que permanecer atentos a lo que se está haciendo en el transcurso del ejercicio. El diálogo con el propio cuerpo nunca debe interrumpirse, la conciencia no debe disminuir en ningún momento. Tenemos que compenetrarnos con el universo microcósmico y con el propio cuerpo, y escuchar todos los mensajes que surgen de él. Cuerpo y mente deben trabajar siempre juntos, puesto que uno es complementario del otro.

La relajación

En el transcurso de la ejecución de una serie de asanas, es aconsejable relajarse entre una posición y otra. Esta no es una regla fija, pero aporta beneficios a quien la respeta. Muchos siguen las posturas de manera continua, sin detenerse nunca. No puede decirse que esto sea incorrecto, pero descansar entre una asana y la siguiente puede ser muy productivo.

Por otro lado, el punto de partida de estas posiciones es la relajación, que permite activar el menor número posible de músculos. Por lo tanto, si una postura se empieza con la relajación, tiene que terminar de la misma manera, antes de iniciar la sucesiva; es decir, la relajación final de una posición corresponde al punto de partida de la próxima. Recuperarse entre las posiciones es importante para restablecer una serie de funciones que, en la ejecución de una asana, podrían verse alteradas, como por ejemplo, el latido del corazón y la respiración.

El paso de una asana a otra debería derivar de la normalización de estas funciones. No hay un límite de tiempo fijo, varía según las capacidades fisiológicas de

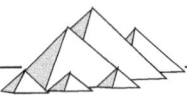

> *EL SECRETO DE LAS ASANAS:*
> *MANTENER BAJO CONTROL LA MENTE*
>
> *Hemos hecho referencia a que, para mantener el cuerpo inmóvil durante cierto tiempo, la mayor dificultad proviene de la exigencia de la mente de romper con la inmovilidad. Esta transcurre de manera inquieta de una parte del yo hasta la otra, induciéndolo a realizar aunque sea un pequeño movimiento, una leve contracción de los músculos, trastornando los pensamientos del individuo concentrados sobre la posición que tiene que mantener, intentando así alejarlos de la situación en la que se encuentra. Esta es la mayor dificultad con la que se pueda tropezar quien asume una asana: intentar impedir que la mente, una especie de simio inquieto según los hindúes, se rebele ante la inmovilidad del cuerpo.*
>
> *La mente no será encerrada, sino depurada de sus pensamientos negativos; será gobernada, reduciendo su actividad, moderándola y disminuyendo los pensamientos que afloran en la conciencia.*

cada individuo. Aun así se dice que la relajación hace referencia a todo el cuerpo. Además de los músculos del tronco y de las articulaciones, se relaja la cara: los ojos, las orejas, la nariz, la boca, los labios, la mandíbula, la barbilla, la frente, las sienes y las mejillas. La relajación de todos los músculos mímicos, es decir, los que dan expresión al rostro, es importante para alcanzar una auténtica serenidad emotiva.

Para conseguir una mejor relajación global del cuerpo y de la mente, se pueden seguir unas técnicas denominadas de moderación. Consisten en reducir el tiempo de acción de los movimientos necesarios para realizar una asana. Utilizando esta técnica, se tendrá la sensación de que el cuerpo se mueve automáticamente, sin que intervenga la voluntad individual. También la inmovilidad y la respiración alcanzarán la moderación. Por el efecto causado por esta acción, los músculos se relajarán, y se superarán los límites normales de estiramiento.

La moderación adoptada por los yoguis hindúes es extrema, tanto, que antes de realizar una asana, aunque sea muy simple, necesitan dos o tres minutos. Es evidente que, al igual que en el caso del mantenimiento de las posturas, no es indispensable alcanzar niveles tan elevados; realizarlo con una cierta moderación, inferior a la de los maestros orientales, resulta igual de eficaz y aporta un gran beneficio.

Los objetivos de las asanas

Se ha afirmado muchas veces que los modelos de vida cotidiana crean una situación de estrés que puede incidir en la calidad de vida y en la salud del cuerpo. Estas tensiones son capaces de instaurar auténticas sobrecargas de energía y dañar algunas partes del organismo.

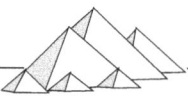

La intervención de las asanas hace que estas tensiones, localizadas en diferentes zonas del cuerpo, desaparezcan. Aun así, no hay que olvidar que quienes se ven afectados por este tipo de tensiones no son conscientes de ello: por lo tanto, es indispensable ser consciente de su presencia para facilitar su eliminación.

Con las asanas, se estimulan los centros nerviosos que tienen la función de informar al cerebro sobre el estado de tensión de algunos músculos. De este modo, las eventuales situaciones negativas llegan al nivel de la conciencia individual y esta puede intervenir para resolverlas. Quien desarrolla una asana que requiera como posición estar sentado, tiene que tener muy claro que, en la ejecución de esa postura, debe lograr aislar los músculos que empleará del resto.

Solamente las zonas musculares interesadas son las que deben ser estimuladas, contrayéndolas o estirándolas. Los otros tan sólo deben estar excluidos de esta tarea, que debe desarrollarse con un ahorro total en los esfuerzos musculares. La atención debe centrarse en los músculos implicados y en la respiración. Al eliminar las tensiones que no son necesarias y aislar los músculos «activos», será posible deshacerse de las emociones negativas que turban la mente.

Los ejercicios de relajación

Estos ejercicios favorecen la relajación psicofísica y permiten aumentar la capacidad receptiva del organismo en los enfrentamientos de las energías regeneradoras que emergen de la pirámide. Se practican antes de entrar dentro de la estructura y de realizar las técnicas de respiración que se describirán más adelante.

Ejercicio de la mirada fija (Thratakam)

Se asume la posición básica (busto recto, piernas cruzadas, hombros hacia atrás, los brazos relajados y las manos sobre las rodillas). Se utiliza un trozo de papel blanco que tenga la forma de un círculo, pequeño como un cilantro, y se coloca delante, a una distancia de unos 40 centímetros. Se enciende una luz que se pueda expandir (o dos velas pequeñas puestas en ambos lados del cuerpo). Hay que relajarse dejando la mente libre de todo pensamiento. Se fija la mirada en el trozo de papel blanco, sin llegar a pestañear, hasta que los ojos empiecen a quemar. Hay que resistir un segundo más y después cerrar los ojos. Llegados a este punto, tras una inspiración profunda, se espira lentamente doblando el busto hacia delante hasta apoyar la frente sobre los dos puños sobrepuestos.

Al principio, este resquemor en los ojos puede resultar algo molesto: en este caso, no se insistirá más con el ejercicio. Con la práctica este resquemor desaparecerá y el ejercicio se convertirá en agradable y relajante. No hay que alarmarse si el punto blanco sobre el que fijamos nuestra atención, las primeras veces que lo hagamos parece como si se desdoblase. Se trata de una reacción física normal que desaparecerá con la práctica.

Ejercicio de la abeja (Bhramari Mudra)

Sentado cómodamente, inmóviles, con el busto recto, imagine que una abeja vuela haciendo círculos ante su rostro y sígala con la mirada, sin mover la cabeza ni el cuello, primero en una dirección y luego en la otra. Imagine que la abeja se para encima de su cabeza, eche la cabeza hacia atrás y siga el movimiento de la abeja, siempre en círculo, en los dos sentidos. Llegados a este punto, cierre los ojos y tápelos con la palma de las manos, apoyándolas sobre las cejas; de esta manera se evita presionar el bulbo ocular; relájese. Este ejercicio sólo se realiza una vez al día.

Ejercicio de la luna y el sol (Surya Chandra Mudra)

Hay que permanecer sentado en la posición básica, sobre los talones o con las piernas cruzadas, y el cuerpo inmóvil, solamente el cuello se moverá en la realización de este ejercicio. Se inspira; al espirar, se lleva la cabeza hacia delante hasta tocar el esternón con la barbilla; se inspira, y se gira lentamente el cuello hacia la derecha, hasta llegar al hombro; se espira, y se gira el cuello hasta llevarlo a la posición anterior; se inspira, y se gira el cuello hasta llegar al hombro izquierdo; se espira, y se vuelve a la posición inicial. Se repite el ejercicio en el otro sentido.

Ejercicio del pez (Matsya Mudra)

Se realiza sentado, con el busto recto, brazos relajados y ojos cerrados. Hay que concentrarse en la respiración, que debe ser tranquila y regular. Se inspira por la nariz y se retiene la respiración durante algunos segundos (10 como máximo) manteniendo el aire con las mejillas hinchadas. Después se espira con la boca, vaciando los pulmones. Se repite entre 5 y 10 veces, aumentando cada día el número de respiraciones.

Relajación completa (Savasana)

Esta relajación se efectúa en posición supina. Hay que sentir el abandono total del cuerpo. Primero se debe concentrar en una pierna: inspirar, estirar todos los músculos; espirar lenta y profundamente, relajar el pie, el tobillo, la pantorrilla, la rodilla, el muslo y el glúteo hasta llegar al abandono total de esta pierna. Después, hay que concentrarse sobre la otra pierna y proceder del mismo modo.

Ahora, se centra la atención en el busto: inspirar y espirar lentamente, concentrándose en los costados, en el abdomen, en el pecho y en los hombros hasta llegar a un abandono total. Llegados a este punto, hay que concentrarse en la columna vertebral, estirándola a través de una profunda inspiración, espirando lentamente; relajarla. Ahora le toca el turno a un brazo: inspirar, cerrar el puño y

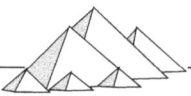

estirar todos los músculos; espirar, relajar la mano, la muñeca, el antebrazo, el codo, el brazo y el hombro. Pasar al otro brazo y realizar el mismo procedimiento. Ahora le toca al cuello y a la garganta: relajarlos, inspirar y espirar. Después la cara: los ojos y los labios están levemente entreabiertos; relajar los labios, la barbilla, las mejillas, las orejas, la nariz, los ojos, la frente y la cabeza. Permanecer durante algunos minutos inmóviles, escuchando la respiración y percibiendo el abandono total y la relajación del cuerpo. Antes de incorporarse, una vez se ha conseguido la relajación actuando con la misma frecuencia, girar el cuerpo hacia un lado y hacia el otro.

Relajación de los hombros

De pie o de rodillas, con el busto recto, los brazos relajados y los ojos cerrados. Hay que concentrarse sobre un hombro. Se inspira, se levanta con un movimiento lento y circular; se espira y se baja. Tanto la fase inspiratoria como la espiratoria deben durar 5 segundos. Repetir este movimiento tres veces. Pasar al otro hombro, con la misma duración y modalidad.

Se puede realizar el ejercicio con los dos hombros a la vez, moviéndolos lentamente hacia delante y hacia atrás: inspirando, se llevan hacia arriba; espirando, se llevan hacia atrás, notando cómo se acercan las costillas. Repetir varias veces. Después, inspirando, se suben hacia arriba los hombros y, espirando, se mueven hacia delante, notando cómo se acercan las clavículas.

Las técnicas de respiración para favorecer la concentración

Existen numerosas técnicas para controlar la respiración, muy conocidas en el mundo oriental, pero también en el occidental, y favorecer la relajación psicofísica.

La mayoría de estas técnicas se realizan en la «posición básica» de la que ya hemos hablado: sentados en el suelo, con el busto recto, las piernas cruzadas, los hombros hacia atrás, los brazos relajados y las manos sobre las rodillas.

Esta no es la única posición en la que se pueden realizar estas técnicas, pero sí que es una de las más eficaces para realizar dentro de la pirámide para meditar. Aquellos que utilizan estas pirámides hacen referencia a que los resultados obtenidos son mejores si se realizan estando rectos, con los chakras superiores situados aproximadamente a un tercio de la altura de las pirámides, directamente debajo de la punta. A continuación se explican algunas de las técnicas más comunes y sencillas para realizar en el interior de la pirámide.

1. *Posición básica, con la cabeza recta.* Con los ojos cerrados, mientras imaginamos que bajo la barbilla hay un agujero, se centra la atención en la respiración de la garganta. Inspirar y espirar de manera lenta y profunda.

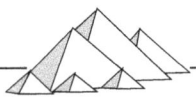

2. *Posición básica, con la cabeza ligeramente inclinada hacia delante.* Con los ojos cerrados, se inspira profundamente, emitiendo un sonido particular (un *huu* prolongado). Se espira durante algunos segundos, y después se retiene la respiración. Se repite la operación, reteniendo nuevamente la respiración. Se continúa de este modo hasta vaciar completamente los pulmones.

3. *Posición básica, con la cabeza ligeramente inclinada hacia delante.* Técnica opuesta a la anterior: con los ojos cerrados, se espira por la nariz, se inspira muy poco aire y se retiene la respiración un par de segundos. No se espira, se inspira de nuevo un poco de aire y se detiene nuevamente la respiración. Se continúa hasta llegar a llenar los pulmones. Se retiene al máximo la respiración y, finalmente, se espira lenta y profundamente emitiendo el sonido anterior (un *huu* prolongado).

4. *Posición básica, con la cabeza inclinada hacia atrás.* Con una espiración profunda, se vacían los pulmones. Se inspira profundamente con la fosa nasal izquierda, manteniendo cerrada la derecha con el pulgar de la mano derecha; se retiene la respiración algunos segundos, y se espira con la misma fosa nasal. Después de repetir varias veces el ejercicio, se cambia de fosa nasal y se realiza la misma operación.

5. *Posición básica, con la cabeza ligeramente inclinada hacia atrás.* Se realiza la misma técnica explicada con anterioridad, alternando las fosas nasales.

6. *Posición básica, con la cabeza recta.* Se inspira lenta y profundamente y, al mismo tiempo, se tamborilea con las yemas de los dedos el tórax; durante la espiración se golpea levemente, con la mano abierta y los dedos juntos, sobre los mismos puntos del tórax tocados con anterioridad.

7. *Posición básica o supina.* Se realiza la respiración a sobresaltos, como cuando se llora, tanto en la fase inspiratoria como en la espiratoria. Se reduce de forma progresiva el número de sobresaltos (primero seis, luego cinco, y así sucesivamente) hasta concluir la ejecución con una respiración normal.

8. *Posición básica o supina.* Con los ojos cerrados, se centra la atención en la garganta. Se espira por la nariz doblando ligeramente la cabeza hacia delante; se inspira poco aire, y se emite un leve sonido entre la nariz y la garganta. Se retiene la respiración durante algunos segundos, y después se pasa a la fase de espiración con la fosa nasal izquierda (la derecha permanece cerrada).

9. *Posición básica o supina.* La concentración se centra en la nariz, en el abdomen y en la cabeza. Se inspira dulcemente y se espira profundamente y con fuerza.

10. *Posición básica o supina.* Se inspira por la boca, con la lengua entre los dientes, y se empuja hacia arriba simulando una deglución; se retiene la respiración

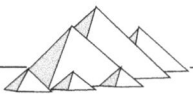

durante algunos segundos, se cierra la boca y se espira lentamente por la nariz, concentrándose sobre el aire caliente que sale.

11. *Posición básica, con la cabeza recta.* Después de realizar una inspiración nasal profunda, se espira llevando la cabeza hacia delante; se inspira nuevamente, girando la cabeza hacia la derecha, hasta llegar al hombro, y se espira girándolo hacia atrás; se procede a una nueva inspiración girando el cuello hasta llegar al hombro izquierdo. Una vez acabado el ejercicio, se cambia de sentido y se retoma de nuevo el ejercicio.

12. *Posición básica, con la cabeza recta.* Con los ojos cerrados, se inspira por la nariz y se detiene la respiración durante algunos segundos, acumulando el aire en las mejillas; se espira por la boca y se vacían los pulmones. La atención se centrará en la respiración, que debe ser tranquila y regular.

13. *Posición básica, con la cabeza inclinada hacia delante.* Se efectúa la respiración centrando la atención en la parte baja del abdomen. Se inspira, se contrae el esfínter, y se abre; se espira y se cierra.

Estas técnicas de respiración se realizan en secuencias una vez se está en el interior de la pirámide, antes de empezar a realizar ejercicios más específicos. Si se llevan acabo de forma correcta proporcionarán una sensación de bienestar físico, unido a una sensación de calor y tranquilidad interior.

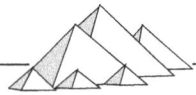

Las técnicas para el renacimiento de los chakras

Como ya se ha dicho, según la concepción oriental, el universo está atravesado por una serie de fuerzas que, en su conjunto, componen la llamada energía vital. Esta última viene asumida por el hombre a través del Ch'i, en la tradición china, y mediante el Prana, la llamada respiración del universo (o soplo vital), en la tradición hindú.

Siguiendo con la tradición hindú, el Prana (o la energía cósmica), debe circular por el interior del cuerpo tanto como materia física como psíquica. Si la transmisión de la energía es la correcta y sigue un recorrido adecuado, esta produce un bienestar psicofísico y permite al hombre llegar hasta la conciencia del yo interior, incluidas aquellas partes que por norma general se ignoran y que normalmente permanecen en un estado de latencia.

Para que el Prana recorra correcta y eficazmente todo el organismo, los centros psíquicos conductores de la energía, los chakras, asumen esta función. Una serie de redes de canales, llamados nadis, hacen fluir esta energía. Los tres principales son: Ida, Pingala y Sushumna.

Los chakras renacen de vez en cuando, y se configuran a nivel mental en erupciones, alguna vez auténticas y genuinas explosiones, que son el testimonio conforme ha sido asumida la energía vital por parte del individuo. De hecho, a cada chakra se le atribuyen poderes de regeneración no sólo a nivel fisiológico, sino también psíquico. Para favorecer la estimulación y el renacimiento de los chakras, existen diferentes técnicas de meditación basadas en la práctica de la iconografía esotérica. Esta última, prevé la utilización de símbolos psíquicos concretos, que pueden representarse mediante figuras geométricas más o menos complejas o por sonidos particulares.

Años de investigaciones centradas en la capacidad de las pirámides para funcionar como *catalizadores* de la energía universal han abierto nuevos horizontes experimentales que han permitido unir las prácticas de la filosofía oriental con los métodos de investigación occidentales.

Por lo tanto, describiremos una serie de meditaciones útiles para el renacimiento de cada uno de los chakras que hay que realizar *en el interior* de la reproducción de la Gran Pirámide. Así será más fácil que fluya la energía cósmica del Prana que, en el interior del modelo, tiene una intensidad más fuerte y favorece el renacimiento de cada uno de los chakras.

Técnica de renacimiento del chakra Ajna (Aswinimudra)

Es el centro destinado a la comunicación interior y exterior. Su renacimiento permite desarrollar la actividad de la telepatía y la clarividencia.

Se asume la posición básica: sentados, busto recto, piernas cruzadas, manos sobre las rodillas con las palmas de las manos giradas hacia arriba, el dedo índice y el dedo pulgar juntos, y los otros tres dedos separados de estos dos, pero unidos entre sí. Se cierran los ojos y, en el caso de quienes lleven gafas graduadas, hay que prescindir de ellas. Hay que procurar estar lo más cómodo posible. Al cerrar los ojos no hay que forzar los párpados: los ojos deben cerrarse dulcemente. Es necesario concentrarse sobre un punto del cuerpo. Por lo general, el punto en el que mejor se centra la atención es el situado en la nariz o entre las cejas. Uno de los talones debe estar apoyado sobre el perineo, y ejercer presión sobre este y, al mismo tiempo, debe realizar una contracción muscular para después deshacerla. Esta secuencia de contracción y relajación muscular en la zona del perineo debe continuar durante un cierto periodo de tiempo. Se debe ser consciente de este movimiento y no realizarlo de manera automática. La contracción debe ser dulce, sin fuerza, y su ejecución va unida a la relajación, que

Antes de empezar es importante asumir correctamente la posición básica

puede seguir el ritmo natural de la respiración. Sin esforzar demasiado los órganos se tiene que mantener la inmovilidad durante unos diez minutos.

A continuación viene una fase de contracción y relajación, a la que debe seguir una cincuentena de ejecuciones. Se debe tener siempre conocimiento de las acciones y mantener un ritmo equilibrado, ni mucho más rápido ni mucho más lento que la respiración natural. Se recuerda que la inspiración corresponde a la contracción, y la espiración a la relajación. Repetir tres veces con el mantra Om.

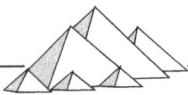

Técnica de renacimiento del chakra Muladhara (Manduki Kriya)

Es el responsable de la evolución de la conciencia hacia estadios superiores, además de ser la sede del potencial energético. Su renacimiento permite vivir experiencias de levitación y de viajes astrales (separación del cuerpo material respecto del espiritual).

Para realizar este ejercicio hay que permanecer sentados, el busto recto, las piernas abiertas y las rodillas bien separadas; los pies se apoyarán en el dorso, mientras que las manos se apoyarán sobre las rodillas, con las palmas hacia abajo. Esta posición debería mantenerse durante un cuarto de hora, y durante este intervalo de tiempo se realizará la meditación.

Se cierran los ojos y la concentración se ejerce en la punta de la nariz durante todo el ejercicio. Hay que permanecer en silencio durante algunos segundos, escuchando.

Con la mente concentrada sobre el punto establecido, se abren ligeramente los ojos y se intenta mirar la punta de la nariz. Se cierran nuevamente los ojos. Se repite el ejercicio sin distraer nunca la atención del punto de concentración, hasta que el cansancio desaparezca. Esta práctica se realizará durante unos cinco minutos como mínimo. En cada pasaje, se repite tres veces el mantra Om.

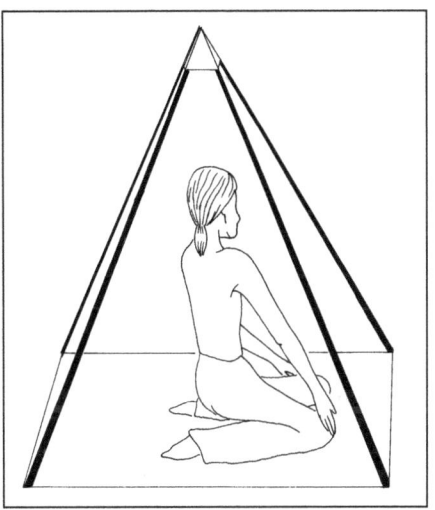

La posición para el renacimiento del chakra Muladhara

Técnica de renacimiento del chakra Svadhisthana (Vajroli Mudra)

El renacimiento de este chakra permite refinar el conocimiento intuitivo, el encuentro con las entidades astrales, la capacidad de recordar las vidas precedentes.

Se asume la posición conocida con el nombre de *Siddha* (en posición sentada con el busto recto, las piernas cruzadas, las manos sobre las rodillas con las palmas de las manos hacia arriba, el dedo índice y el pulgar juntos, y los otros tres dedos unidos entre ellos, pero separados de los otros dos).

Hay que recordar que la sede de este chakra está a la altura de las vísceras abdominales y que aquí el talón debe ejercitar una leve presión sobre el punto

más bajo. El talón que esté más arriba debe encontrarse en el centro, alineado con el ombligo. Los ojos deben estar cerrados y no hay que hacer ningún movimiento.

La concentración debe estar fijada sobre el punto en el que se ejercita la leve presión del talón. Al mismo tiempo, se gira la punta de la lengua hacia la parte mojada del paladar, relajándolo de vez en cuando.

Llegados a este punto, hay que contraer el punto en el que el talón hace presión, y continuar la concentración en este punto. Debe empezar en ese lugar para expandirse hacia una zona más grande, comprendida en el aparato genital. No hay que contraer el perineo, donde se encuentra la sede del chakra Muladhara. Se evitará esta contracción aunque es bastante difícil.

Tanto la contracción, como su sucesiva relajación, tienen que ser efectuadas lentamente y su control debe ser voluntario. Esta realización tiene que repetirse durante un número determinado de veces, siendo siempre conscientes de ello. Repetir tres veces el mantra Om después de cada contracción.

Técnica de renacimiento del chakra Manipura

Está considerado como un centro muy importante, responsable del renacimiento de extraordinarios poderes psíquicos.

Se asume la posición básica; se aprieta el perineo con un talón, sin realizar fuerza. Se cierran los ojos, y se dirige la concentración al centro Muladhara. Se repite mentalmente unas cuantas veces la palabra *muladhara*, mientras el talón aprieta el perineo. Se contrae este punto y se relaja de inmediato.

Al alternar varias veces la contracción y la relajación del punto central de Muladhara, se debe mantener la mente concentrada en este ciclo, intentando contar el número de ejecuciones. Transcurridos unos minutos, se cierran los ojos y se inicia la segunda práctica: contracción de la parte baja de las vísceras abdominales y extensión gradual de la contracción del aparato genital.

Del chakra Muladhara y de la garganta se liberan dos fuerzas que se dirigen hacia el ombligo. Estas fuerzas deben moverse simultáneamente. Cuando se advierta que han llegado al ombligo, se retiene la respiración y se intenta mentalmente ser conscientes del punto central de la fuerza. Se deja que la respiración siga su curso, y se continúa con el ritmo natural.

Se prosigue la realización de esta técnica, reteniendo la respiración cuanto sea posible. Cuando la energía esté centrada en el ombligo, se continúa durante tres minutos. Se permanece en posición sentada y tranquila durante algunos segundos, sin abrir los ojos, y se cambia de posición.

Ahora las rodillas deben estar separadas, los dedos de las manos cruzados y puestos en el regazo. Los ojos permanecen cerrados y tranquilos. La atención se centrará en la punta de la nariz, y los ojos se abrirán ligeramente, manteniendo la concentración sobre los mismos. Se repite el ciclo completo cinco minutos. Se pronuncia tres veces el mantra Om.

Técnica de renacimiento del chakra Anahata

Es responsable de la producción artística, ya sea a nivel figurativo o a nivel musical. Su renacimiento potencia la percepción y sensibilidad, la elocuencia y la capacidad de tomar decisiones rápidas y exactas.

Se adopta una posición que facilite la meditación. El cuerpo no estará controlado: se puede mover. La concentración se fija en la garganta y en la respiración, que fluye a través de esta. Hay que ser conscientes de la inspiración por la garganta, sin olvidarnos de la fase espiratoria.

La inspiración entra por la garganta hasta llegar a la profundidad del diafragma, de cuya parte interna se debe ser consciente. De este modo se notará cómo se llena.

Representa la base para el conocimiento de una parte más amplia, la relativa al corazón. Una vez percibido el espacio del corazón, se notará, con el ritmo de la respiración, la contracción y expansión de este espacio. La respiración debe ser espontánea y natural, nunca forzada y prolongada.

Es fundamental tomar conciencia del espacio del corazón y, si este conocimiento es constante, después de un cierto periodo se visualizarán muchas otras cosas. No son creaciones o imaginaciones del hombre, surgirán solas, de forma espontánea. La visión de la mente de la persona que está haciendo renacer el chakra Anahata está representada por una flor de loto de color azul y un lago.

No siempre es posible sentir el espacio del corazón que se contrae y se expande; en caso de no sentirlo, habrá que seguir tres estadios:

- El *primer estadio* se obtiene cuando se empieza a advertir la respiración que está llenando el espacio.
- El *segundo estadio* está constituido por la percepción directa del espacio y de su contracción y expansión, siguiendo el ritmo de la respiración.
- El *tercer estadio* se alcanza cuando se visualiza la flor de loto azul y el lago.

Otra técnica de meditación para el renacimiento de Anahata es escuchar la respiración natural de uno mismo, acompañada por el mantra *So-Ham*: *So* durante la inspiración y *Ham* durante la espiración. Hay que ser conscientes de la respiración espontánea, que va acompañada del mantra So-Ham, que también puede invertirse, con el transcurso de la práctica, en Ham-So.

La respiración puede sentirse en la nariz o en la garganta, o entre la garganta y el ombligo.

Pero también se puede sentir la respiración y el So-Ham en el espacio del corazón; se pueden advertir al mismo tiempo en los tres puntos o en uno solo cada vez.

Esta técnica se realizará durante cinco o diez minutos y se repetirá tres veces el mantra Om.

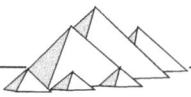

Técnica de renacimiento del chakra Visuddha (Chakrawarohan)

Es el chakra de la purificación. Su renacimiento favorece las actividades psíquicas de orden superior, como la telepatía y la telecinesia.

Para que este chakra renazca, es necesario recurrir en secuencias a los cinco centros precedentes, en una especie de circuito. Se empieza por Ajna, sentados en la posición de Siddha, con un talón apretando ligeramente el perineo. Las manos estarán en las rodillas, los ojos cerrados e inmóviles. La meditación en este estadio no debe ser ni muy rápida ni muy lenta, su velocidad ha de ser media y constante. Transcurridos unos días, se estará capacitado para percibir Ajna y se podrá empezar la concentración sobre este chakra.

Posteriormente, se llega a Muladhara. Con las rodillas separadas, las manos cruzadas por debajo del ombligo y con los ojos cerrados, se concentra la atención en la punta de la nariz y luego se abren los ojos.

La concentración ha de alternarse entre Svadhisthana y Manipura. En este último caso, el pensamiento fluctúa desde Muladhara hasta Manipura y desde la garganta hasta Manipura. Hay que tener en cuenta la respiración y ser conscientes mientras se retiene la respiración. La energía llega a Muladhara y es impulsada hacia abajo en la garganta mediante dos acciones sincronizadas. Después de esto, la concentración se centra en la energía del ombligo.

Llegados a este punto se produce un giro hacia Anahata que, como ya hemos visto, está en el espacio del corazón: se concentra en la garganta y en la inspiración que invade todo el espacio interior. Se espera la visión de Anahata sin llegar a provocarla y, cuando aparece, se concentra sobre todos los chakras, cada vez uno.

Mentalmente hay que pensar en los centros, sentirlos como si se llegasen a tocar con una flor o con un dedo. Hay que recorrer un circuito, en el siguiente orden: Muladhara - Svadhisthana - Manipura - Anahata - Visuddha - Ajna - Visuddha - Anahata - Manipura - Svadhisthana - Muladhara; entonces se vuelve a empezar, recorriendo de la misma manera este ciclo. Tienen que practicarse nueve ciclos completos, repitiendo desde Muladhara hasta Ajna y de nuevo, desde Ajna hasta Muladhara.

Una vez realizados los nueve ciclos, hay que asumir la siguiente posición: en el suelo, con los hombros apoyados sobre el suelo, la pelvis levantada y las piernas en posición vertical. Hay que evitar que el tórax toque con la barbilla. Inspirando, se notará el flujo caliente de ambrosía, el néctar que fluye en la columna vertebral y recorre desde Manipura hasta Visuddha. El fluido se recoge en este último chakra al retener la respiración durante algunos segundos y ser conscientes de que el néctar se enfriará.

Cuando se espira, se nota que el fluido va hacia Visuddha a través de Ajna, después pasa por el centro Bindu y finalmente llega hasta Sahasrara, situado en el cerebro. La sensación que se advierte es la del néctar introducido con la ayuda de la respiración. Después de la espiración, hay que volver a Manipura y repetir el circuito, llevando el fluido hasta Visuddha y, de ahí, a Sahasrara. Hay que hacer entre once y veintiún ciclos. Repetir tres veces el mantra Om.

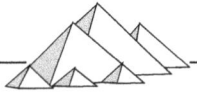

Técnica de renacimiento del chakra Bindu

Bindu está considerado un chakra menor, más bien lejano, pero sede del néctar que fluye en Visuddha y, sucesivamente, en Sahasrara. Además, desde un punto de vista fisiológico, este constituye el punto en el que, en el cerebro, se originan los nervios craneales, y entre ellos destacan los del sistema visual. Una funcionalidad que escasea en este chakra provoca molestias a nivel óptico. Por lo tanto hay que hacer alusión a una técnica meditativa que permita el renacimiento del chakra Bindu.

En posición sentada y con los ojos cerrados, se adquiere conciencia de la naturalidad de la respiración y se es consciente de la misma («estoy inspirando-estoy espirando») y del sonido So-Ham. No pasa nada si la respiración se nota en la garganta, en la nariz o entre el ombligo y la garganta: lo importante es sentirla. Tampoco es negativo si el mantra So-Ham cambia de ritmo: lo importante es ser conscientes de que eso continúa. Cuanto más consciente se es de la respiración y del mantra, más cercanos se perciben. Llegados a este punto, el mismo procedimiento respiratorio debe hacerse entre Visuddha y Bindu, en línea directa, arriba y abajo. Continuar de este modo durante cinco minutos. Repetir tres veces el mantra Om.

Técnica para desarrollar el conocimiento de los chakras

Es conveniente adoptar una posición cómoda, poner las manos sobre las rodillas con las palmas hacia arriba, la espalda derecha y recta, los hombros y el dorso relajados; la cabeza debe estar alineada con la columna vertebral. Hay que cerrar los ojos y mantener el cuerpo inmóvil durante toda la meditación.

Hay que tener y mantener durante algunos minutos el conocimiento absoluto del cuerpo físico; entonces, este se centra sobre la columna vertebral y después sobre el chakra Ajna. En este punto, hay que intentar descubrir una pulsación en la región de Ajna, situada en el interior del cerebro, a la altura de la glándula pineal, en el vértice de la columna vertebral.

Una vez se haya notado esta pulsación, es necesario sintonizarla con el mantra Om. Se cuentan veintiuna pulsaciones, después se pasa a la contracción y a la relajación del perineo. Esta técnica debe realizarse con una velocidad media. Aunque después de algunas ejecuciones, se podrá notar de manera automática a Ajna, se puede concentrar directamente sobre este chakra. Así se llega al conocimiento de la zona del perineo y al chakra Muladhara.

Lo primero que hay que localizar es la sede física de este último chakra y, después, las sutiles pulsaciones que salen de él, hasta llegar a contar veintiuna. Ahora se pueden abrir los ojos y dirigir la mirada y la concentración sobre la punta de la nariz. El conocimiento de Muladhara se realizará poco después, a partir del cual se tendrá que realizar esta práctica durante unos tres minutos.

Posteriormente, se centra la atención a la altura del cóccix, sobre el chakra Svadhisthana. Aquí también hay que descubrir el punto físico y las pulsaciones

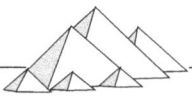

contando hasta veintiuno, contraer y relajar el aparato urinario durante unos cuatro minutos. Es necesario encontrar en la región del ombligo la respiración psíquica, desde Muladhara hasta el ombligo y desde la garganta hasta el ombligo. Entre ambas, estas respiraciones deben llegar hasta el ombligo, al culminar la inspiración. Cuando se encuentra a la altura del ombligo, la respiración se detiene y se desarrolla el conocimiento de un punto central de fuerza que se encuentra en el mismo ombligo. Se continúa con esta técnica durante unos cuatro minutos.

A partir de aquí la concentración debe trasladarse al chakra Manipura, situado en el interior de la columna vertebral, detrás del ombligo. Hay que aislar el punto y localizar las pulsaciones, y contar las de siempre, veintiuna. Es el momento de ser conscientes del espacio del corazón, con el aire que entra en la garganta. Cuando el aire entra, se nota cómo el espacio se rellena; después el corazón se contrae y se relaja con el mismo ritmo de la respiración natural. Se continúa con esta práctica durante dos minutos.

Finalmente, hay que concentrarse en la cavidad de la garganta y directamente después, en Visuddha, en la columna vertebral. Se repite mentalmente unas cuantas veces la palabra Visuddha y se intenta descubrir las pulsaciones de este punto, para contar hasta veintiuno. Conforme se repiten el nombre de los chakras, el conocimiento corre a través del gran canal de Sushumna, notando una dulce caricia como la de una flor imaginaria. El conocimiento de cada chakra debe ser muy concreto, ascendiendo y descendiendo durante cuatro veces más en Sushumna. Se repite tres veces el mantra Om.

La energía de los cristales y la pirámide

Ya en la antigua Babilonia, en Mesopotamia, en Egipto y en la India, brujos y hechiceros conocían y utilizaban las piedras preciosas como amuletos y talismanes capacitados para influir tanto en la salud como en el destino de los hombres. Siglos de estudios, más o menos científicos, han terminado de consolidar y ampliar tales conocimientos hasta reconocer muchos tipos piedras, cada una de ellas dotada con unas características concretas. Además, el estudio de la forma piramidal y su capacidad de actuar como amplificador de energía han abierto el camino a nuevos experimentos dentro de este campo. Las investigaciones realizadas en los últimos años sobre las propiedades de las piedras y cristales han evidenciado la posibilidad de unir las características terapéuticas de las piedra con la energía que liberan.

Aprovechando la geometría piramidal es posible realizar un instrumento capaz de aportar beneficios a la salud y al funcionamiento de la vida laboral y sentimental. La piedra se elegirá en función de sus peculiares características. A continuación proporcionamos una lista de ellas.

Piedras	*Propiedades*
Adularia	También se conoce como selenita o piedra lunar; debe su nombre al monte Adula, macizo de los Alpes suizos. Los agricultores la utilizan colocándola entre las plantas que dan frutos, para que estas estén protegidas del granizo. En las relaciones amorosas trae buena suerte y favorece la reconciliación entre las parejas que se hayan peleado. En referencia al cuerpo, según la tradición, previene de la locura y la epilepsia. Finalmente, está considerada capaz de desarrollar los poderes psíquicos y la clarividencia.

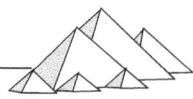

(continuación)

Piedras	Propiedades
Ágata amarilla	Se valora por sus virtudes tonificantes y por dar buena suerte en las grandes pruebas que nos depara la vida. Según las filosofías orientales, estimula el primero y el segundo chakras.
Ágata azul	Según la teoría de los cristales, mejora los dolores de la faringe y de la garganta en general. Los árabes, en la antigüedad, la usaban para combatir la fiebre y las enfermedades mentales.
Ágata verde	Antiguamente se le atribuían virtudes medicinales, como la capacidad de proteger de la peste y curar las picaduras de escorpión y las de las avispas. A pesar de todo, hoy día no se le reconocen efectos curativos concretos, en la variedad verde, que, debido a sus vetas también se llama «musgosa», y es beneficiosa para los que trabajan en el campo, propiciando buenas cosechas. Entre sus propiedades destaca proteger de las descargas eléctricas, de la epilepsia y del mal de ojo. Además, otorga una gran voluntad a quien la lleva.
Aguamarina	Se trata de un berilio, de color azul-verdoso transparente que se distingue en dos variedades: la oriental, de gran transparencia y belleza, y la occidental. Está considerada la piedra de los místicos y de los profetas, ya que ayuda a mantener la pureza y la inocencia del alma. Por lo que se refiere al cuerpo, protege la nuca, las mandíbulas, los dientes, la garganta, el estómago, los riñones y el bazo.
Alejandrita	Está considerada como un amuleto óptimo para el embarazo y el parto. Su color verde representa el proceso de crecimiento, y el rojo, la vitalidad de una nueva vida. Combate la leucemia, y es beneficiosa para las glándulas linfáticas y el sistema nervioso. Si se lleva como colgante, cerca de la garganta, aporta equilibrio emocional.
Amatista	Definida como «la piedra espiritual por excelencia», sus influjos parecen favorecer a la realización de los proyectos y las especulaciones mentales de gran naturaleza. Protege el sistema nervioso. Si se pone en correspondencia con las tiroides y con el metabolismo, favorece el renacimiento del último chakra.
Amazonita	Por tradición, se aconseja para aumentar la resistencia física. Favorece la voluntad, la perseverancia, la determinación, la creatividad y el consuelo. Desde los tiempos antiguos, está indicada para ahuyentar los vicios y los abusos del alcohol, tabaco y droga.
Ámbar	Tiene efectos benéficos contra los empachos y las paperas. Según la tradición oriental, protege de las pérdidas causadas por el fuego y las inundaciones. Debe llevarse en el cuello a modo de colgante y también puede ser un remedio óptimo contra el asma. La energía eléctrica que posee esta piedra, amplificada en la forma piramidal, purifica todo el organismo; su radiación magnética es muy intensa.

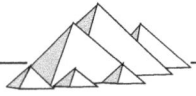

(continuación)

Piedras	Propiedades
Azurita	Es un cristal de color azul intenso, con tonalidades moradas. Representa la sensibilidad, la intuición y la clarividencia. Además, refuerza la memoria y la capacidad de intuición intelectual.
Coral	Es una de las cinco piedras sagradas del Tíbet y de los incas peruanos y simboliza la energía de la fuerza vital. Entre todas estas virtudes, destaca la de reforzar el corazón, curar las hemorragias, prevenir la disentería, la gota y las enfermedades de los ojos. También se utiliza en el tratamiento de cólicos, concreciones biliares, hemorroides, hepatitis e ictericia. Un colgante de coral con forma de pirámide es una fuente de energía que da fuerza y vigor y aleja la depresión. También se le atribuyen poderes afrodisiacos.
Corniola	Está en armonía simbólica con el hígado y la vejiga de la hiel, regenera los tejidos, heridas y quemaduras. Predispone al altruismo. En la Antigüedad se usaba para proteger las heridas. Los antiguos griegos la utilizaban contra el reumatismo, mientras que en Egipto acompañaba a los difuntos. Se dice que Mahoma tenía un anillo con esta piedra, y nunca se separaba de él.
Cristal de roca	Se considera el «cristal de los cristales», capaz de propiciar una energía extraordinaria. Óptimo para evitar lo negativo, se utiliza muy a menudo como protección contra los dolores musculares y las malas influencias. En el pasado, se usaba en los casos de locura y como terapia contra el dolor de dientes. Se le atribuyen virtudes equilibradas para los chakras y para favorecer la concentración durante el trabajo y el estudio. Recurso útil para la meditación y para la creatividad, está en armonía con todos los chakras, excepto el séptimo.
Cuarzo brillante	Algunas teorías afirman que el bióxido de titanio, es decir, los filamentos que surgen a contraluz y el cuarzo, es útil para vencer la radiactividad natural. Apoyado sobre los senos o sobre las cejas, favorecería la relajación y desarrollaría las dotes telepáticas. Por tradición, protege el sistema linfático y da sentido estético.
Cuarzo citrino	Es muy propicio para el aparato digestivo. Propicia el poder de autocurar reduciendo la ansiedad y el estrés psíquico. Difunde alegría y optimismo (sobre todo la cualidad amarilla, que proviene de los yacimientos del monte Sinaí).
Cuarzo rosado	En analogía simbólica con el corazón y la circulación, está considerado como una óptima protección espiritual y también en cuestiones sentimentales. En el pasado, se le conocía como la «piedra del amor». Da equilibrio interior, dulzura y desata las tensiones. Está en armonía con el tercer chakra.

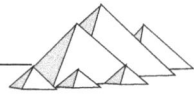

(continuación)

Piedras	Propiedades
Diamante	Entre las diferentes virtudes que se le atribuyen a esta piedra, destaca la de dar serenidad a la vida y constancia a los amantes. Es eficaz contra los venenos, las pesadillas, la brujería y la locura. El diamante es la mayor representación de la Ley Universal. Armoniza el corazón con la mente y el espíritu, creando la trinidad de la perfección en el ser humano. Un colgante con la forma de una pirámide tiene la capacidad de ayudar en cada situación espiritual concreta. Si se lleva encima, cura el autismo, la dislexia y la tuberculosis; facilita la desintoxicación y tonifica el sistema nervioso.
Fluorita	Es una piedra que se cristaliza en forma cúbica. Su color varía, desde el color lavanda hasta el azul marino. Otorga a quien la posee alegría y sabiduría. Sus propiedades curativas son muy similares a las de la amatista; es eficaz para los tratamientos de las enfermedades mentales. Con la forma de la pirámide, desarrolla propiedades antiestresantes para la mente y el cuerpo.
Granate	El granate es un silicato generalmente de color oscuro, constituido por sílice y oxígeno, y una cierta cantidad de calcio, magnesio, hierro y aluminio. Esta piedra otorga fidelidad, constancia y amistad. Si se lleva a modo de colgante con forma piramidal, es un óptimo antídoto contra la astenia y la melancolía. Según la tradición, tiene la propiedad de proteger de los accidentes.
Jade	Protege los órganos genitales. Favorece el amor y la atracción sexual, produce encanto y ayuda en los casos de timidez.
Jaspe	Está considerado el protector del sistema circulatorio, particularmente adecuado, según la tradición, para proteger los genitales masculinos y femeninos. Los antiguos hebreos también lo utilizaban contra las picaduras de insectos y serpientes.
Lapislázuli	Era la piedra más apreciada por los sumerios, quienes la consideraban sagrada y el regalo de los dioses celestes. En el antiguo Egipto se creía que sus virtudes eran extraordinarias ya que era fruto de la unión con el infinito. Por lo tanto, esculpida o bajo la forma de un escarabajo o de pirámide, se creía que amplificaba la capacidad meditativa y la contemplación. El efecto que ejerce sobre el cuerpo aporta beneficios a la garganta y ayuda a la curación de las inflamaciones e hinchazones.
Magnetita	Es una piedra negra, con fuerte poder magnético. Protege de la castidad y, con la forma de una pirámide, refuerza el cuerpo dándole vigor. Según una antigua leyenda, frotando un cuchillo con un trozo de magnetita la hoja del cuchillo será venenosa. También se creía que tenía la capacidad de aumentar la virilidad.

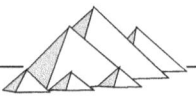

(continuación)

Piedras	Propiedades
Ónice	Favorece la separación de nuestro propio ego, permitiendo la atenuación de las sensaciones de estrés y depresión. Favorece el crecimiento y la calidad del cabello y la visión nocturna. Equilibra las polaridades masculinas y femeninas. Desde siempre ha sido utilizado para la fabricación de rosarios, ya que es símbolo de humildad y modestia.
Ópalo	Posee todas las propiedades de las piedras preciosas multicolores. El ópalo noble otorga a quien lo posee la seguridad de poder llevar a cabo con éxito cualquier acción que se emprenda. En general, significa poder tanto en el campo político como en el financiero. La peculiaridad de esta piedra es la de recibir las intenciones negativas de su poseedor y devolvérselas contra él. Por este motivo, el ópalo antiguamente tenía la fama de traer desgracias. El ópalo de fuego, de un color entre anaranjado y dorado, simboliza el fuego del sacrificio y la purificación del alma. La forma de pirámide amplifica los rayos benéficos, transmitiendo vitalidad, energía, poder y resistencia física. El ópalo hidrófilo, llamado también negro, es opaco si está seco, pero si se moja se vuelve transparente. Actúa sobre el aparato reproductor, ya sea masculino o femenino, y alivia los dolores de origen hepático. Es una piedra que nunca debe ser asociada con otras, ya que podría causar desgracias.
Venturina	Ayuda a liberarse de la ansiedad y el miedo y, según la tradición, es terapéutica para el sistema circulatorio. Proporciona tranquilidad, alegría, optimismo y también relaja.

Las técnicas del Ayurveda

El Ayurveda (literalmente, *ciencia de la vida*) es un sistema terapéutico antiquísimo, que todavía se practica en la India. Considera al individuo en su totalidad y lo relaciona con el universo. El hombre no se considera un conjunto de órganos, sino como un *unicum*, que hay que tratar en su totalidad. Las patologías eventuales de un órgano se curan teniendo en cuenta el equilibrio general de todo el organismo, incluido el mental. Estas ideas parten de dos médicos de principios del milenio: Charaka y Sushunta, cuyas tesis, todavía hoy día, son válidas y eficaces.

Evocando a la corriente filosófica del Samkhya, el Ayurveda explica la realidad a través de la diferenciación de la energía primordial, transformada en múltiples formas materiales y causa de la acción conjunta de las tres cualidades *(Guna)* presentes en la materia: *Sattva* (la energía ligera, fluida), *Rajas* (la energía dinámica) y *Tamas* (la energía inerte).

Como en el macrocosmos el desequilibrio de estos tres elementos determina la evolución creativa y destructiva, en el microcosmos del organismo humano, la acción prevalente de un solo guna provoca un desequilibrio y, por lo tanto, hace que se produzcan transformaciones. Todo deriva de la estrecha relación entre las dinámicas del universo y las del hombre.

En el individuo, las llamadas cualidades están representadas por los *dhatu*, cuya descompensación es la responsable de las enfermedades. Actuar sobre ellas, restablecer el equilibrio y reponer la amalgama originaria que permite al individuo tener una buena salud, son los objetivos del Ayurveda, que dedica gran atención a la nutrición y a la higiene personal, no sólo del individuo en sí, sino también del ambiente en que vive y de los objetos con los que contacta.

Otro principio básico es que los hombres, al ser diferentes los unos de los otros, necesitan atenciones distintas. Por lo tanto, a cada paciente hay que realizarle un examen general, que está constituido por una serie de investigaciones que hacen referencia tanto a factores objetivos como la edad, el peso o la altura, como a subjetivos, como las aptitudes mentales o el sistema de vida. De estos

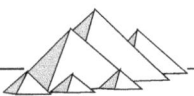

datos es posible extraer los necesarios para instaurar una terapéutica determinada: ningún individuo es igual a otro y, por lo tanto, también la terapia tiene que ser diferente.

El reloj de la energía

Según el Ayurveda, los órganos presentes en el cuerpo humano se alimentan a través de un flujo de energía que varía conforme vaya transcurriendo el día. Con este propósito, en la cultura oriental existe un esquema que muestra los parámetros horarios en los que los diferentes órganos están más o menos cargados de energía. En función de estos parámetros, los podemos regular para estimular los chakras.

Es el conocido *reloj de la energía*: el día se divide en doce fracciones de dos horas cada una, en cada una de ellas hay un órgano, que, naturalmente, está cargado de energía, por lo tanto su chakra no tendrá que ser estimulado para la admisión de las especiales asanas, ni por la exposición a la pirámide. Conocer el esquema del reloj de la energía es muy importante.

Esquema del reloj de la energía			
Horas	*Órganos*	*Horas*	*Órganos*
1-3	Hígado	3-5	Pulmones
5-7	Intestino grueso	7-9	Estómago
9-11	Bazo y páncreas	11-13	Corazón
13-15	Intestino delgado	15-17	Vejiga
17-19	Riñones	19-21	Pericardio
21-23	Triple calentador	23-1	Vejiga de la hiel

En la realización de las asanas, con o sin la ayuda de una pirámide de tienda, siempre hay que consultar el reloj de la energía, especialmente si tenemos algún órgano enfermo, evitando realizar las posiciones en la hora en la que el órgano afectado está ya cargado por naturaleza.

Hay varias precauciones que es necesario tomar:

• ante todo, es aconsejable llevar a cabo el programa en un lugar que esté limpio, ventilado y, si es posible, seco;
• para favorecer la concentración es aconsejable realizarla en silencio o escuchando música lenta y relajante;
• las posturas se realizarán preferiblemente en ayunas: es decir, antes de desayunar, bastante rato después de haber comido al mediodía y antes de acostarse por la noche.

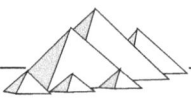

Realizar un programa terapéutico correctamente implica, en cuanto a las posiciones, estar sentados y alternar las posturas, de pie y en posición supina. A veces, quien decide seguir los consejos del Ayurveda, para intentar eliminar la molestia que le afecta, no tiene suficiente tiempo para realizar todos los ejercicios. En este caso, podrá dividir las posturas en dos fases (una por la mañana y otra por la noche) para realizar todo el programa. Eso sí, deberá tener cuidado al adoptar las posturas de pie o de rodillas, sobre todo por la mañana, y realizar las que son relajantes, es decir, las que actúan sobre el sistema nervioso, por la noche, antes de acostarse.

En cuanto a la respiración, los ejercicios correspondientes pueden efectuarse a lo largo de toda la jornada; eso sí, las técnicas de purificación se realizan exclusivamente por la mañana.

También hay que añadir que, para la realización de un correcto pranayama y para aumentar la capacidad respiratoria, es una buena norma dirigirse hacia el sol, como sugiere la tradición hindú: hacia levante por la mañana; hacia el sur a mediodía; hacia occidente por la noche; hacia el norte a medianoche.

Hay que recordar que algunos días una fosa nasal es más receptiva que la otra; Ida corresponde a la fosa nasal izquierda, predomina miércoles, jueves, viernes y domingo; Pingala representa la fosa nasal derecha, y es más receptiva lunes, martes, sábados y todos los días en los que la luna esté oculta.

Para aumentar la fuerza de las asanas y pranayama, es necesario seguir el llamado ayuno de las lunas *(Ekadasi),* once días después de la aparición de la luna llena *(Purnima)* o de la luna nueva *(Amavasia).* La mañana del duodécimo día sucesivo a la aparición de la fase de la luna que haya sido elegida, se podrá desayunar para ayunar después, durante las veinticuatro horas siguientes, durante las cuales se podrá beber zumos de fruta o infusiones.

ADVERTENCIAS PARA REALIZAR LOS PROGRAMAS ACONSEJADOS

En primer lugar, es necesario aclarar que la eficacia terapéutica de las técnicas del Ayurveda dependen del origen de las molestias que se tengan, que no deben ser orgánicas, mientras que los beneficios relacionados con el conocimiento de uno mismo siempre son válidos.

También se advierte que, en la descripción de los programas, las diferentes posturas que tienen que adoptarse sentados, y las otras posturas, vienen ilustradas claramente con sus respectivos dibujos. Los otros ejercicios propuestos han sido descritos antes de los «de relajación» (pág. 86) y las «técnicas de respiración» (pág. 88).

Si se realiza con constancia y voluntad el programa previsto, que incluye posturas, técnicas respiratorias y la exposición de la energía piramidal, se alcanzará un nivel óptimo de conocimientos del propio cuerpo y del equilibrio psicofísico. En este punto, seremos capaces de elegir cualquier programa alternativo, que satisfaga las exigencias de bienestar. Por otra parte, este es uno de los principales

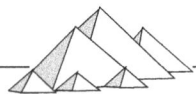

objetivos del Ayurveda, independientemente de su utilidad terapéutica: lograr conocernos a fondo para después experimentar solos, sin la guía de un maestro, las técnicas más adecuadas según nuestras propias exigencias.

Con las técnicas adquiridas en las posiciones y el control de la respiración, realizadas en el interior de una pirámide de tienda, se puede intervenir en las enfermedades del aparato respiratorio, sistema circulatorio, aparato digestivo, sistema urinario y muscular, ejercitando, además, un flujo positivo sobre el sistema nervioso y visual.

El aparato respiratorio

Una de las enfermedades más extendidas del aparato respiratorio es la *bronquitis crónica,* cuyo origen se encuentra, sobre todo, en la acción de sustancias irritantes como el humo o el polvo, que se acumulan en las paredes bronquiales. Estas, debido a la acción de estas sustancias, son muy vulnerables al ataque de gérmenes que pueden provocar alteraciones muy graves, hasta llegar a la obstrucción total, que es el origen del enfisema pulmonar.

Con unos ejercicios adecuados es posible lograr un estado de distensión general, de limpieza de las vías respiratorias y de movilización del diafragma, obtenido gracias a la musculatura abdominal y a la regulación de la respiración. Sin embargo, no es aconsejable hacerlos por la mañana, ni en caso de fiebre, disnea o si las molestias se intensifican.

PROGRAMA INICIAL

1. Talasana (posición de la palma de la mano): figura A.
2. Ardha Vrksasanas (posición parcial del árbol): figura B.
3. Mridanga (respiración de tambor-técnica de respiración n.º 6).
4. Dandasana (posición del bastón): figura C.
5. Respiración yóguica completa (técnicas de respiración del n.º 1 al n.º 13).
6. Savasana (relajación completa).

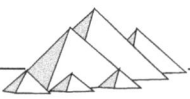

PROGRAMA DE MANTENIMIENTO

1. Saludo al sol, realizar un par de veces: figura A.
2. Talasana (posición de la palma de la mano): figura B.
3. Ardha Vrksasana (posición parcial del árbol): figura C.
4. Utkatasana (posición potente): figura D.
5. Kukkutasana (posición del gallito): figura E.
6. Dandasana (posición del bastón): figura F.
7. Mridanga (respiración de tambor-técnica de respiración n.º 6).
8. Respiración yóguica completa (técnicas de respiración del n.º 1 hasta el n.º 13).
9. Savasana (relajación completa).

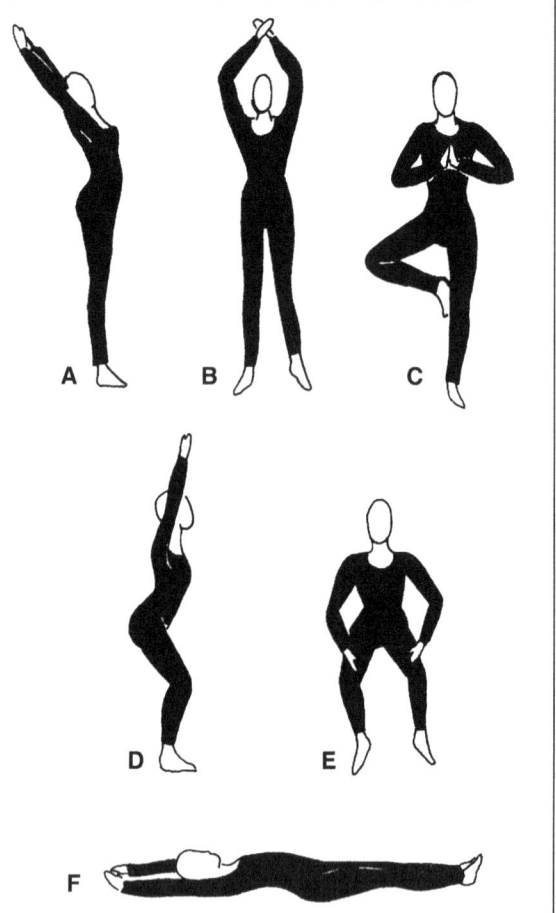

También el *asma bronquial,* cuyos orígenes son frecuentemente psicosomáticos, puede ser tratado con una serie de ejercicios que tienden a la relajación general, a la regulación de la respiración, la reducción de la irritación de los bronquios y a la mejora de las funciones de los músculos respiratorios.

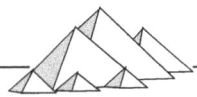

Programa inicial

1. Uttanasana (posición de tensión): figura A.
2. Trikonasana (posición del triángulo): figura B.
3. Sadhakasana (posición del adepto): figura C.
4. Viparita Karaniasana (posición invertida): figura D.
5. Respiración yóguica completa (técnicas de respiración del n.º 1 al n.º 13).
6. Savasana (relajación completa).

Programa de mantenimiento

1. Saludo al sol: figura A.
2. Uttanasana (posición de tensión): figura B.
3. Trikonasana (posición del triángulo): figura C.
4. Ardha Bujangasana (posición parcial de la cobra): figura D.
5. Salamba Sarvangasana (posición de vela): figura E.
6. Matsyasana (posición del pez): figura F.

7. Respiración yóguica completa (técnicas de respiración del n.º 1 hasta el n.º 13).
8. Surya Chandra Mudra (ejercicio de relajación de la luna y del sol).
9. Savasana (relajación completa).

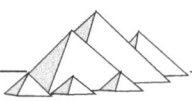

También son de origen alérgico algunos tipos de rinitis, en los que la mucosa nasal se irrita excesivamente. Estas molestias a menudo suelen hacerse crónicas debido al flujo del aire que atraviesa de manera irregular las vías nasales, haciendo que las secreciones se estanquen y, por consiguiente, produzcan diferentes infecciones. Ejercicios de respiración y limpieza de las vías nasales es lo más adecuado para prevenir estas molestias, además de la faringitis, la traqueítis y la laringitis.

PROGRAMA INICIAL

1. Saludo al sol: figura A.
2. Uttanasana (posición de tensión): figura B.
3. Garbha Padasana (posición de los pies en regazo): figura C.
4. Respiración yóguica completa (técnicas de respiración del n.º 1 hasta el n.º 13).
5. Savasana (relajación completa).

NOTA: Antes de empezar a realizar los ejercicios, efectuar una cuidadosa limpieza de las fosas nasales.

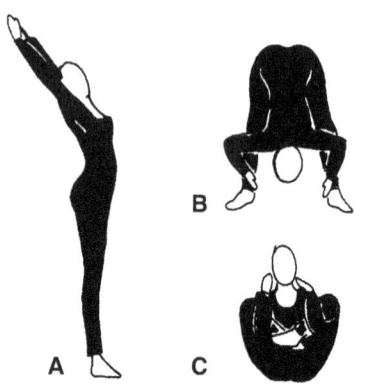

PROGRAMA DE MANTENIMIENTO

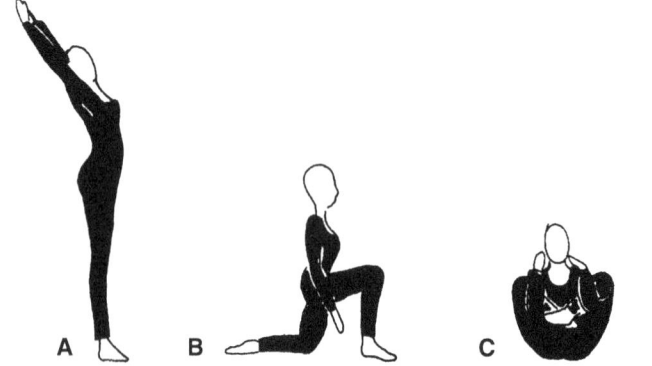

1. Saludo al sol: figura A.
2. Ardha Bujangasana (posición parcial de la cobra): figura B.
3. Garbha Padasana (posición de los pies en regazo): figura C.
4. Gomukasana (posición del hocico de vaca): figura D.
5. Tharatakam (ejercicio de relación de la mirada fija).
6. Surya Chandra Mudra (ejercicio de relajación de la luna y el sol).
7. Savasana (relajación completa).

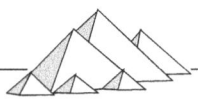

La *disnea psicógena* provoca molestias respiratorias que pueden aparecer de manera inesperada, y durante periodos breves, en sujetos que estén sanos. A menudo estas molestias van acompañadas de otros síntomas como la taquicardia, sudores y escalofríos y, por lo general, son consecuencia de estados de ansiedad. Los ejercicios tienen que efectuarse debajo de una pirámide de tienda por la mañana temprano o a primera hora de la tarde y son muy útiles para alejar la ansiedad del individuo y regular la respiración.

PROGRAMA INICIAL

1. Respiración yóguica completa (técnicas de respiración del n.º 1 hasta el n.º 13).
2. Tulitasana (posición de la balanza): figura A.
3. Ardha Vrksasana (posición del triángulo): figura C.
5. Respiración yóguica completa (técnicas de la respiración del n.º 1 hasta el n.º 13).
6. Viparita Karaniasana (posición invertida): figura D.
7. Viloma Pranayama (respiración con lapsus-técnicas de respiración n.ᵒˢ 2-3).
8. Savasana (relajación completa).

PROGRAMA DE MANTENIMIENTO

1. Saludo al sol: figura A.
2. Ardha Vrksasana (posición parcial del árbol): figura B.
3. Trikonasana (posición del triángulo): figura C.
4. Sadhakasana (posición del adepto): figura D.
5. Respiración yóguica completa (técnicas de respiración del n.º 1 hasta el n.º 13).
6. Salamba Sarvangasana (posición de la vela): figura E.
7. Matsyasana (posición del pez): figura F.
8. Surya Chandra Mudra (ejercicio de relajación de la luna y el sol).
9. Savasana (relajación completa).

El sistema circulatorio

Algunos individuos sufren de forma periódica crisis cardiacas, como la *taquicardia* o la *irregularidad del latido del corazón*, aunque tengan un corazón sano. Si estas alteraciones son producto del estrés y estados de ansiedad, los ejercicios que aconsejamos a continuación deben realizarse por la mañana (hasta las 10) y por la tarde (entre las 16 y las 18 horas) dentro de una pirámide de tienda.

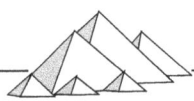

PROGRAMA INICIAL

A   B   C   D

1. Ardha Vrksasana (posición parcial del árbol): figura A.
2. Chatushkonasana (posición cuadrangular): figura B.
3. Tulitasana (posición de la balanza): figura C.
4. Viparita Karanasiana (posición invertida): figura D.
5. Surya Chandra Mudra (ejercicio de relajación de la luna y el sol).
6. Respiración yóguica completa (técnicas de respiración del n.º 1 hasta el n.º 13).
7. Savasana (relajación completa).

PROGRAMA DE MANTENIMIENTO

1. Trikonasana (posición del triángulo): figura A.
2. Tadasana (posición de la montaña): figura B.
3. Utkatasana (posición potente): figura C.
4. Tulitasanas (posición de la balanza): figura D.
5. Viparita Karanasiana (posición invertida): figura E.
6. Surya Chandra Mudra (ejercicio de relajación de la luna y el sol).
7. Sayana Buddhasana (posición del reposo de Buda): figura F.
8. Surya Chandra Mudra (ejercicio de relajación de la luna y el sol).
9. Respiración yóguica completa (técnicas de respiración del n.º 1 hasta el n.º 13).
10. Savasana (relajación completa).

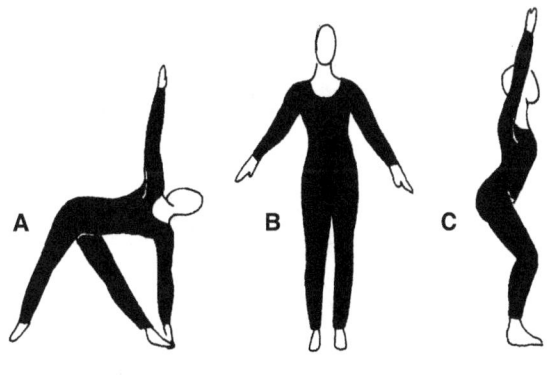
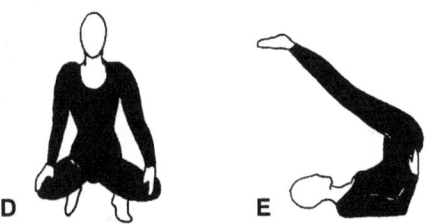

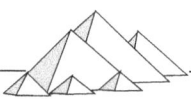

Otra cardiopatía de notable relevancia es la *insuficiencia coronaria*, que puede determinar enfermedades muy graves en el corazón y provocar un infarto. Como el estrés es uno de los factores causales más importantes en el origen de esta enfermedad, es muy eficaz realizar una serie de ejercicios que alejen la tensión y la ansiedad. Estas técnicas son un remedio bastante eficaz para quienes hayan sufrido un infarto, una vez el paciente esté repuesto del todo, para prevenir que se desencadene otro infarto, algo en extremo peligroso.

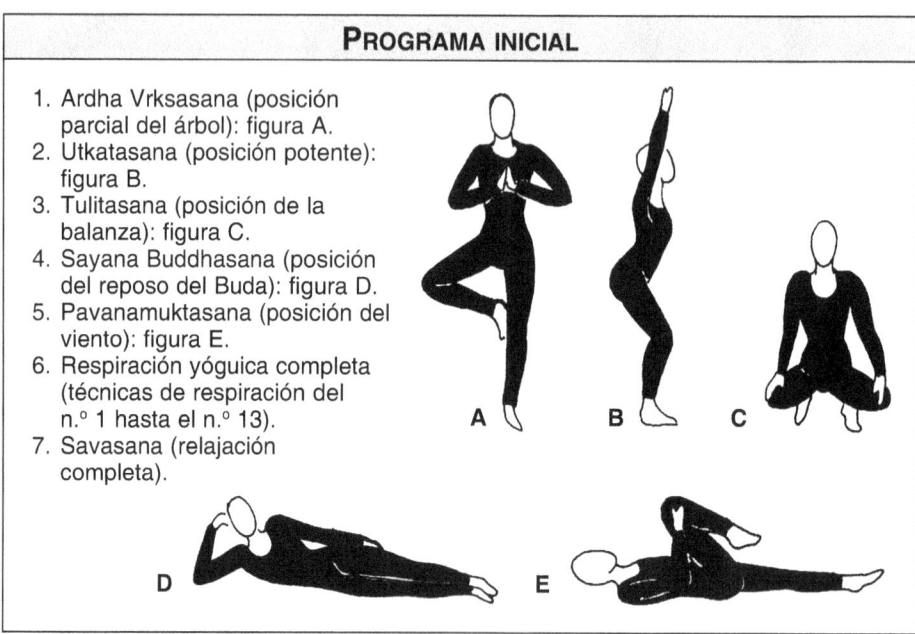

PROGRAMA INICIAL

1. Ardha Vrksasana (posición parcial del árbol): figura A.
2. Utkatasana (posición potente): figura B.
3. Tulitasana (posición de la balanza): figura C.
4. Sayana Buddhasana (posición del reposo del Buda): figura D.
5. Pavanamuktasana (posición del viento): figura E.
6. Respiración yóguica completa (técnicas de respiración del n.º 1 hasta el n.º 13).
7. Savasana (relajación completa).

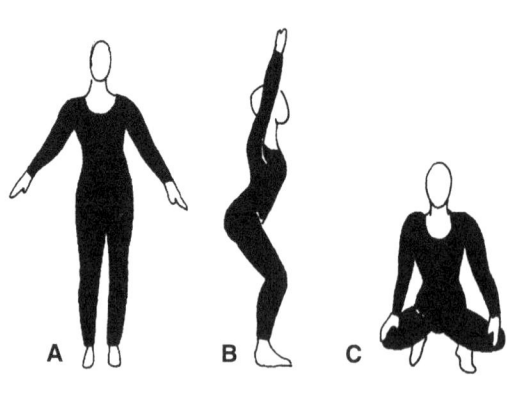

PROGRAMA DE MANTENIMIENTO

1. Tadasana (posición de la montaña): figura A.
2. Utkatasana (posición potente): figura B.
3. Tulitasana (posición de la balanza): figura C.
4. Surya Chandra Mudra (ejercicio de relajación de la luna y el sol).
5. Respiración yóguica completa (técnicas de respiración del n.º 1 hasta el n.º 13).
6. Savasana (relajación completa).

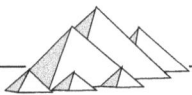

También la *hipertensión* y la *hipotensión* pueden ser curadas siguiendo unas técnicas oportunas y adoptando unas posturas concretas, siempre dentro de una pirámide de tienda. Las molestias, normalmente, no deben ser de origen orgánico.

Por la mañana, bien temprano o por la noche, antes de acostarse, son los momentos más adecuados para realizar las técnicas aconsejadas.

PROGRAMA INICIAL PARA LA HIPERTENSIÓN

1. Natarjasana (posición de Siva): figura A.
2. Sayana Buddhasana (posición del reposo de Buda): figura B.
3. Anantasana (posición de Ananta): figura C.
4. Pavanamuktasana (posición del viento): figura D.
5. Respiración yóguica completa (técnicas de respiración del n.º 1 hasta el n.º 13).
6. Viloma Pranayama (respiración con lapsus-técnicas de respiración de los n.ᵒˢ 2-3).
7. Savasana (relajación completa).

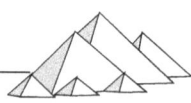

PROGRAMA DE MANTENIMIENTO

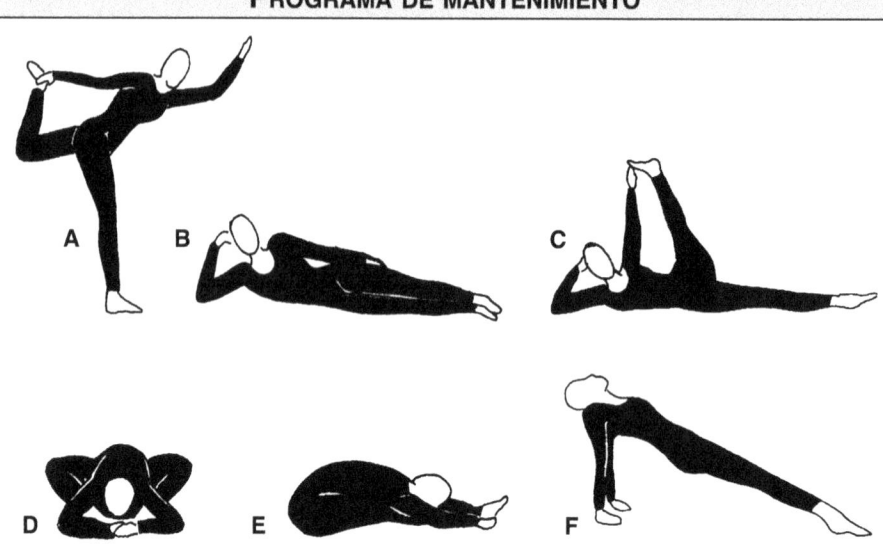

1. Natarjasana (posición de Siva): figura A.
2. Sayana Buddhasana (posición del reposo de Buda): figura B.
3. Anantasana (posición de Ananta): figura C.
4. Adityasana (posición de Aditi): figura D.
5. Ugrasana (posición terrible): figura E.
6. Purvottanasana (posición del Este): figura F.
7. Viloma Pranayama (respiración con lapsus-técnica de respiración n.ºs 2-3).
8. Savasana (relajación completa).

PROGRAMA PARA LA HIPOTENSIÓN

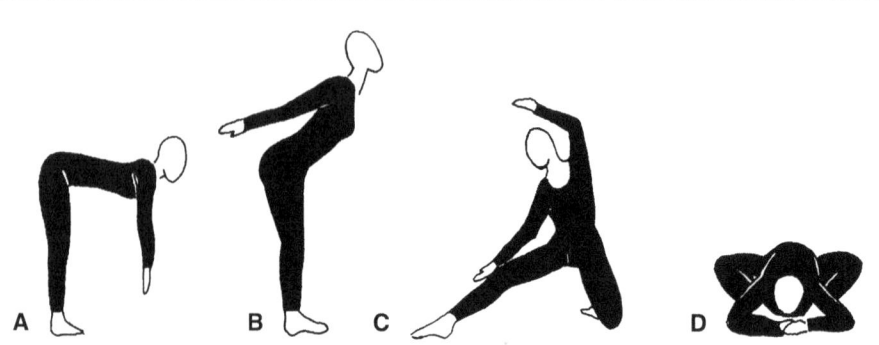

1. Chatushkonasana (posición cuadrangular): figura A.
2. Paksinasana (posición de la gaviota): figura B.
3. Ardha Chandrasana (posición de la media luna): figura C.
4. Adityasana (posición de Aditi): figura D.
5. Surya Chandra Mudra (ejercicio de relajación de la luna y el sol).
6. Matsya Mudra (ejercicio del pez).
7. Savasana (relajación completa).

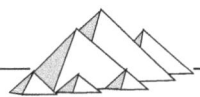

Una débil constitución de las paredes venosas puede provocar la aparición de *venas varicosas* o de *hemorroides*. También en estos casos, es extremadamente eficaz el programa que proponemos a continuación, a través del cual se remueve la sangre que se queda estancada en las venas, lo que facilita su fluidez, previene la formación de varices y disminuye la aparición de hemorroides. Los ejercicios no deben realizarse en casos agudos.

PROGRAMA INICIAL PARA VENAS VARICOSAS (PIERNAS)

1. Saludo al sol: figura A.
2. Utthita Konasana (posición en ángulo elevado): figura B.
3. Ardha Sthambasana (posición parcial del pilar): figura C.
4. Sthambasana (posición del pilar): figura D.
5. Viparita Karaniasana (posición invertida): figura E.
6. Purvottanasana (posición del Este): figura F.
7. Sayana Buddhasana (posición del reposo de Buda): figura G.
8. Anantasana (posición de Ananta): figura H.
9. Matsya Mudra (ejercicio del pez).
10. Savasana (relajación completa).

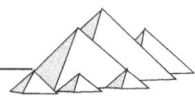

Programa de mantenimiento

1. Saludo al sol: figura A.
2. Paripurna Navasana (posición de la barca con remos): figura B.
3. Pavanamuktasana (posición del viento): figura C.
4. Supta Konasana (posición en ángulo sobre el dorso): figura D.
5. Salamba Sarvangasana (posición de vela): figura E.
6. Matsya Mudra (ejercicio de relajación del pez).
7. Sirsasana (posición sobre la cabeza): figura F.
8. Savasana (relajación completa).

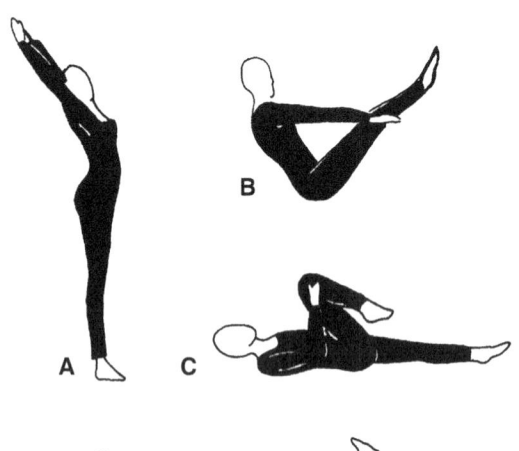

Programa inicial para hemorroides

1. Ardha Sthambasana (posición parcial del pilar): figura A.
2. Viparita Karaniasana (posición invertida): figura B.
3. Matsyasana (posición del pez): figura C.
4. Muladhara Bhanda (ejercicio de respiración n.º 13).
5. Pavanamuktasana (posición del viento): figura D.
6. Surya Chandra Mudra (ejercicio de relajación de la luna y el sol).
7. Savasana (relajación completa)

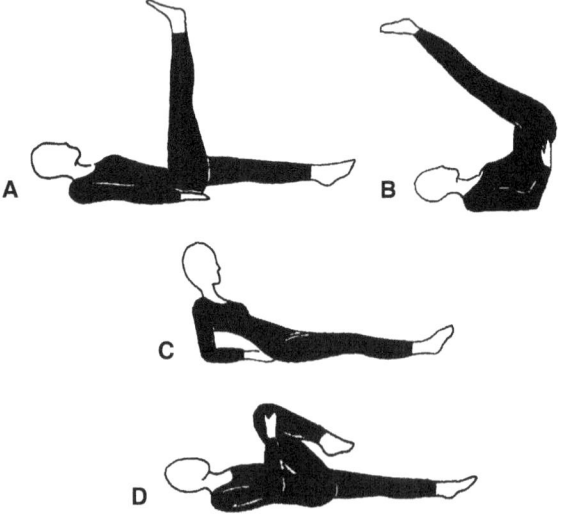

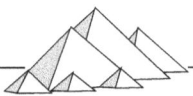

PROGRAMA DE MANTENIMIENTO

1. Saludo al sol: figura A.
2. Supta Konasana (posición en ángulo sobre el dorso): figura B.
3. Salamba Sarvangasana (posición de vela o sostenida): figura C.
4. Matsyasana (posición del pez): figura D.
5. Dhanurasana (posición del arco): figura E.
6. Surya Chandra Mudra (ejercicio de relajación de la luna y el sol).
7. Sirsasana (posición sobre la cabeza): figura F.
8. Savasana (relajación completa).

El aparato digestivo

La tensión psíquica y el estrés a menudo contribuyen, de manera determinante, a la aparición de enfermedades en el aparato digestivo. *Colitis espástica*, *gastritis* y *úlcera duodenal*, son las enfermedades más frecuentes. Al eliminar los estados de ansiedad, los ejercicios propuestos a continuación, realizados siempre dentro de una pirámide de tienda, ayudan a vencer los espasmos musculares y a regular las funciones del aparato digestivo.

Como actúa sobre el hígado y la bilis, favorece la digestión que, sobre todo en los sujetos dispépticos, suele ser bastante dificultosa. Algunos ejercicios también previenen la formación de cálculos biliares y favorecen el estreñimiento.

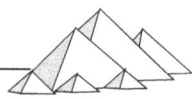

PROGRAMA INICIAL

1. Saludo al sol: figura A.
2. Parsva Virasana (posición lateral del héroe): figura B.
3. Bastrikasana (posición de la capota): figura C.
4. Jathara Parivartasana (posición del abdomen rodeado): figura D.
5. Garbha Padasana (posición de los pies en regazo): figura E.
6. Pavanamuktasana (posición del viento): figura F.
7. Respiración yóguica completa (técnicas de respiración del n.º 1 hasta el n.º 13).
8. Surya Chandra Mudra (ejercicio de relajación de la luna y el sol).
9. Savasana (relajación completa).

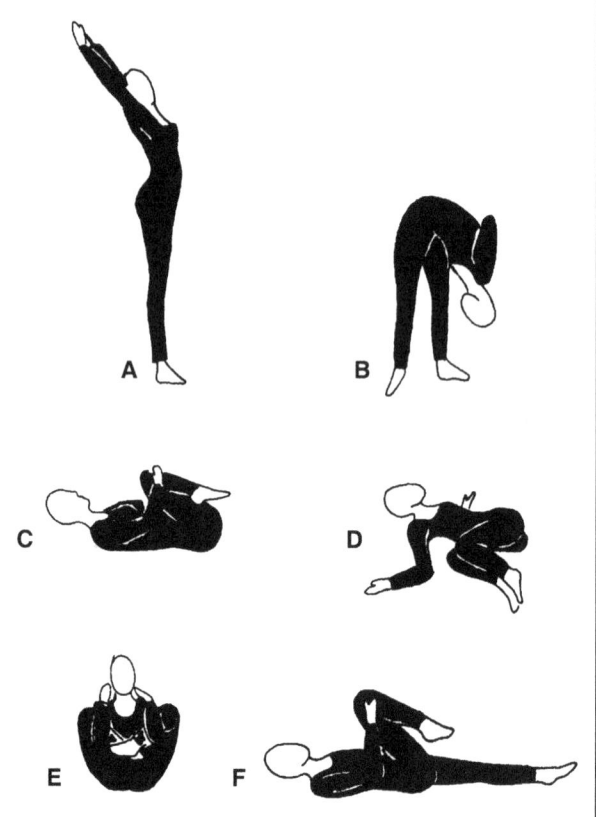

PROGRAMA DE MANTENIMIENTO

1. Saludo al sol: figura A.
2. Parsva Virasana (posición lateral del héroe): figura B.
3. Bastrikasana (posición de la capota): figura C.
4. Jathara Parivartasana (posición del abdomen rodeado): figura D.
5. Surya Chandra Mudra (ejercicio de relajación de la luna y el sol).
6. Savasana (relajación completa).

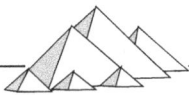

PROGRAMA PARA EL ESTREÑIMIENTO

1. Kukkutasana (posición del gallito): figura A.
2. Bastrikasana (posición de la capota): figura B.
3. Halasana (posición del arado): figura C.
4. Jathara Parivartasana (posición del abdomen rodeado): figura D.

El sistema urinario

Uno de los objetivos de estos ejercicios terapéuticos, es superar los problemas de tipo sexual que limitan el bienestar psicofísico de la persona afectada. Hacemos particular referencia a la frigidez y a la impotencia, cuya curación es fundamental para alcanzar el equilibrio sexual.

Los ejercicios destinados a estimular la funcionalidad renal y aumentar la diuresis son muy variados, y tienen como función mantener en buen estado el sistema urinario.

También las disfunciones durante el ciclo menstrual, a menudo, causan situaciones psicológicas para quien las sufre que se pueden aliviar (menstruaciones dolorosas, dismenorrea, ciclo irregular, retraso menstrual). A veces, derivan de alteraciones orgánicas, pero, normalmente, influidas por el sistema nervioso central, tienen su origen en estados emocionales sufridos por el sujeto o por las condiciones ambientales (el clima, la alimentación, etc.). En estos casos, los ejercicios indicados a continuación, realizados en una pirámide de tienda, son un remedio muy eficaz porque tanto estimula la hipófisis (glándula directamente responsable de la funcionalidad del ciclo), como actúa sobre la psique, determinando su control en la mujer.

PROGRAMA PARA PROBLEMAS SEXUALES (frigidez, impotencia, etc.)

1. Saludo al sol: figura A.
2. Adityasanas (posición de Aditi): figura B.
3. Garbha Padasana (posición de los pies en regazo): figura C.
4. Matsyasana (posición del pez): figura D.
5. Ugrasana (posición terrible): figura E.
6. Dhanurasana (posición del arco): figura F.
7. Savasana (relajación completa).

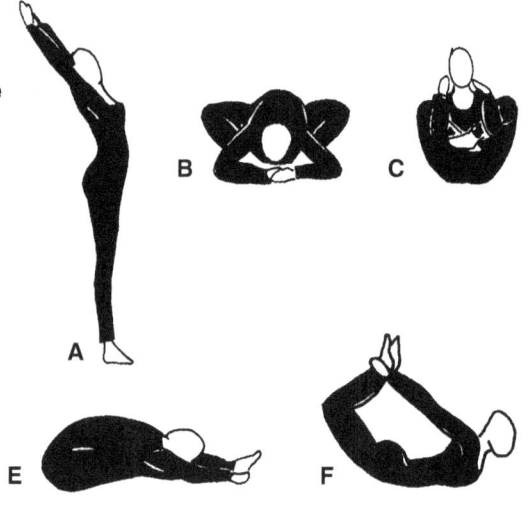

PROGRAMA PARA MEJORAR LA FUNCIÓN RENAL

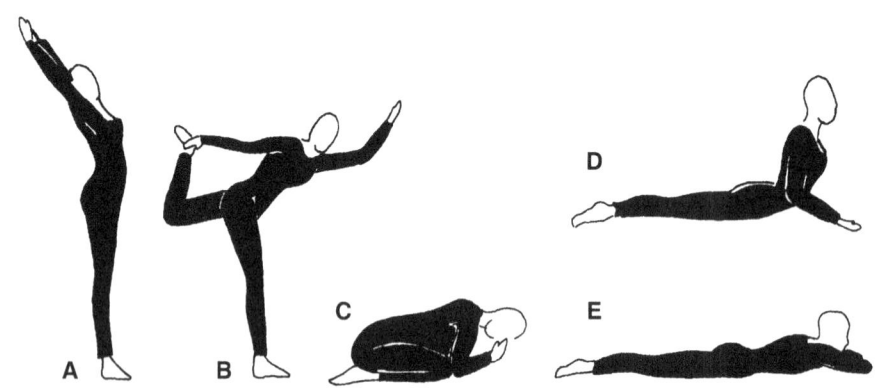

1. Saludo al sol: figura A.
2. Natarajasana (posición de Siva): figura B.
3. Sadhakasana (posición del adepto): figura C.
4. Bujangasana (posición de la cobra): figura D.
5. Ardha Nakrasana (posición parcial del cocodrilo): figura E.
6. Adityasana (posición de Aditi): figura F.
7. Ustrasana (posición del camello): figura G.
8. Savasana (relajación completa).

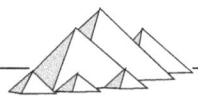

PROGRAMA PARA LAS MOLESTIAS MENSTRUALES (dismenorrea)

1. Salamba Sarvangasana (posición de vela): figura A.
2. Matsyasana (posición del pez): figura B.
3. Sirsasana (posición sobre la cabeza): figura C.

A   B   C

PROGRAMA PARA LA HIPOMENORREA

 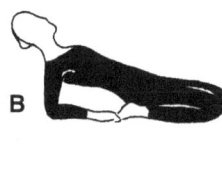 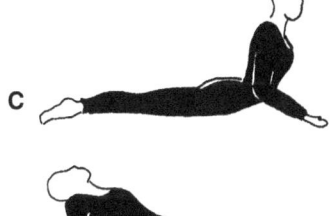

A   D   E

F

G   H

1. Saludo al sol: figura A.
2. Supta Virasana (posición del héroe que duerme): figura B.
3. Bujangasana (posición de la cobra): figura C.
4. Adityasana (posición de Aditi): figura D.
5. Purvottasana (posición del Este): figura E.
6. Ugrasana (posición terrible): figura F.
7. Respiración yóguica completa (técnicas de respiración del n.º 1 hasta el n.º 13).
8. Salamba Sarvangasana (posición de vela): figura G.
9. Sirsasana (posición sobre la cabeza): figura H.
10. Savasana (relajación completa).

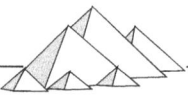

PROGRAMA PARA LA HIPERMENORREA

1. Parsva Konasana (posición en ángulo lateral): figura A.
2. Uttanasana (posición en tensión): figura B.

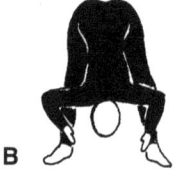

PROGRAMA PARA LA AMENORREA

1. Saludo al sol: figura A.
2. Ardha Chandrasana (posición de la media luna): figura B.
3. Bujangasana (posición de la cobra): figura C.
4. Sadhakasana (posición del adepto): figura D.
5. Salamba Sarvangasana (posición de vela): figura E.
6. Matsyasana (posición del pez): figura F.
7. Sirsasana (posición sobre la cabeza): figura G.
8. Savasana (relajación completa).

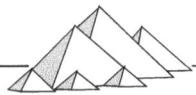

PROGRAMA PARA EL CICLO IRREGULAR

1. Saludo al sol: figura A.
2. Bujangasana (posición de la cobra): figura B.
3. Adityasana (posición de Aditi): figura C.
4. Supta Virasana (posición del héroe que duerme): figura D.
5. Ugrasana (posición terrible): figura E.
6. Respiración yóguica completa (técnicas de respiración del n.º 1 hasta el n.º 13).
7. Sirsasana (posición sobre la cabeza): figura F.
8. Savasana (relajación completa).

El sistema nervioso

Mediante la estimulación de algunos centros nerviosos, es posible actuar sobre todo el sistema neurovegetativo, restableciendo el equilibrio psicofísico perfecto. Por lo tanto, son evidentes los beneficios que se obtienen con la práctica de estos ejercicios que proponemos, sobre todo para quienes padezcan ansiedad, insomnio y tensión psíquica o irritabilidad.

PROGRAMA PARA EL INSOMNIO

1. Saludo al sol: figura A.
2. Salamba Sarvangasana (posición de vela): figura B.
3. Matsyasana (posición del pez): figura C.
4. Bhramari Mudra (ejercicio de relación de la abeja).

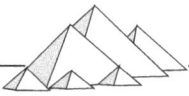

PROGRAMA PARA LA DEPRESIÓN

1. Saludo al sol: figura A.
2. Respiración yóguica completa (técnicas de respiración del n.º 1 hasta el n.º 13).
3. Vrksasana (posición del árbol): figura B.
4. Salamba Sarvangasana (posición de vela): figura C.
5. Matsyasana (posición del pez): figura D.
6. Surya Chandra Mudra (ejercicio de relajación de la luna y el sol).
7. Savasana (relajación completa).

Los sistemas óseo y muscular

Ya se sabe que en una sociedad como la nuestra, muchas veces estamos expuestos a situaciones en las que adoptamos posiciones incorrectas, como permanecer sentado de manera incómoda, con el riesgo de sufrir consecuencias dañinas para el sistema óseo y muscular. Hay una serie de ejercicios que permiten equilibrar las malas posturas que realizamos al cabo del día y adoptar una estabilidad corpórea correcta.

También en este caso, estos ejercicios son beneficiosos cuando se carece de cualquier tipo de problema congénito o relacionado con malformaciones óseas.

Las enfermedades más frecuentes de los sistemas óseo y muscular son la *escoliosis*, la *cifosis* y la *artrosis* (cervical, dorsal o lumbar).

NOTA: algunos aconsejan que los ejercicios laterales se realicen con el lado opuesto del de la curva de la escoliosis (por ejemplo, escoliosis en el lado derecho, ejercicio con el lado izquierdo) para compensar el defecto. Otros opinan que, al compensar la curva, se puede correr el riesgo de producir otras molestias en la columna vertebral. La mejor solución es efectuar estos ejercicios con ambos lados, así serán igual de benéficos para la columna vertebral.

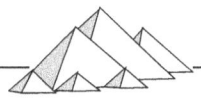

PROGRAMA INICIAL PARA LA ESCOLIOSIS

1. Saludo al sol: figura A.
2. Talasana (posición de la palma de la mano): figura B.
3. Natarajasana (posición de Siva): figura C.
4. Anjaneyasana (posición del mono): figura D.
5. Ardha Chandrasana (posición de la media luna): figura E.
6. Respiración yóguica completa (técnicas de respiración del n.º 1 hasta el n.º 13).
7. Savasana (relajación completa).

PROGRAMA DE MANTENIMIENTO

1. Saludo al sol: figura A.
2. Uttana Parsva Trikonasana (posición del triángulo lateral): figura B.
3. Trikonasana (posición del triángulo): figura C.
4. Sadhakasana (posición del adepto): figura D.
5. Dandasana (posición del bastón): figura E.
6. Dharmikasana (posición de la devoción): figura F.
7. Respiración yóguica completa (técnicas de respiración del n.º 1 hasta el n.º 13).
8. Savasana (relajación completa).

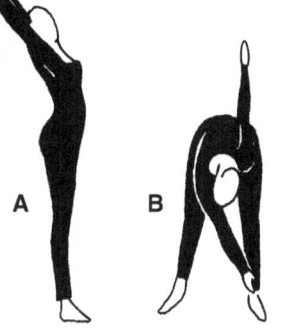
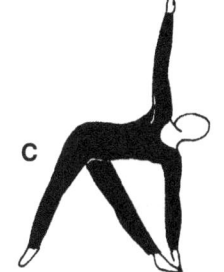

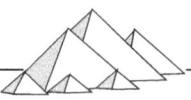

PROGRAMA INICIAL PARA LA CIFOSIS

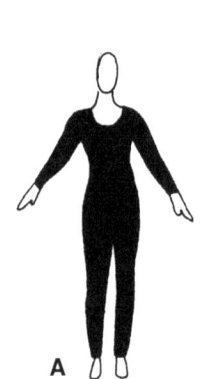

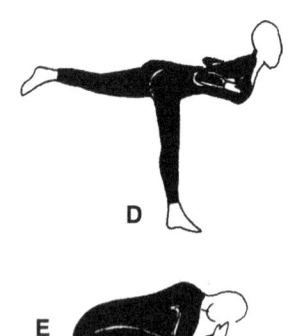

1. Tadasana (posición de la montaña): figura A.
2. Ardha Natyasana (posición parcial de la danza): figura B.
3. Vrksasana (posición del árbol): figura C.
4. Ganapatiasana (posición de Ganapati): figura D.
5. Sadhakasana (posición del adepto): figura E.
6. Bujangasana (posición de la cobra): figura F.
7. Surya Chandra Mudra (ejercicio de relajación de la luna y el sol).
8. Respiración yóguica completa (técnicas de respiración del n.º 1 hasta el n.º 13).
9. Savasana (relajación completa).

PROGRAMA DE MANTENIMIENTO

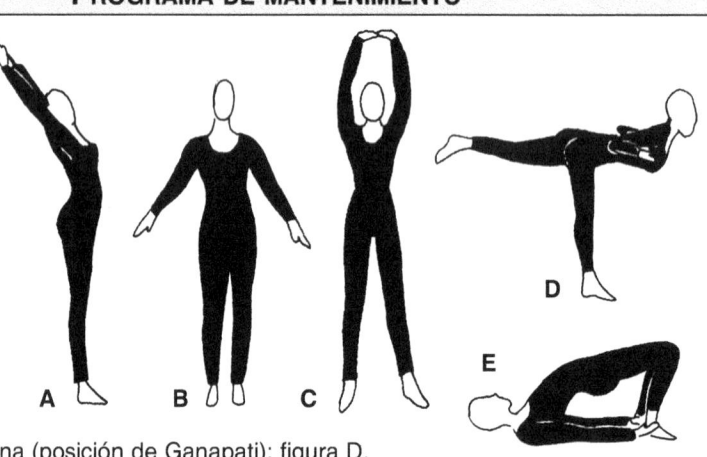
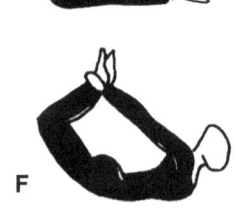

1. Saludo al sol: figura A.
2. Tadasana (posición de la montaña): figura B.
3. Ardha Natyasana (posición parcial de la danza): figura C.
4. Ganapatiasana (posición de Ganapati): figura D.
5. Setu Bandhasana (posición del puente): figura E.
6. Respiración yóguica completa (técnicas de respiración del n.º 1 hasta el n.º 13).
7. Dhanurasana (posición del arco): figura F.
8. Surya Chandra Mudra (ejercicio de relajación de la luna y el sol).
9. Savasana (relajación completa).

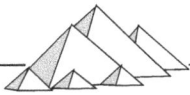

PROGRAMA INICIAL PARA LA ARTROSIS LUMBAR Y DORSAL

1. Chatushkonasana (posición cuadrangular): figura A.
2. Trikonasana (posición del triángulo): figura B.
3. Ganapatiasana (posición de Ganapati): figura C.
4. Dharmikasana (posición de la devoción): figura D.
5. Dandasana (posición del bastón): figura E.
6. Setu Bandhasana (posición del puente): figura F.
7. Sayana Buddhasana (posición del reposo de Buda): figura G.
8. Anantasana (posición de Ananta): figura H.
9. Surya Chandra Mudra (ejercicio de relajación de la luna y del sol).
10. Savasanas (relajación completa).

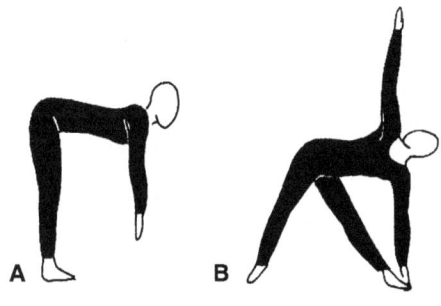

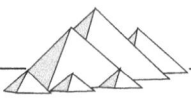

PROGRAMA DE MANTENIMIENTO

1. Saludo al sol: figura A.
2. Trikonasana (posición del triángulo): figura B.
3. Dandasana (posición del bastón): figura C.
4. Setu Bandhasana (posición del puente): figura D.
5. Supta Konasana (posición en ángulo sobre el dorso): figura E.
6. Sayana Buddhasana (posición del reposo de Buda): figura F.
7. Anantasana (posición de Ananta): figura G.
8. Surya Chandra Mudra (ejercicio de relajación de la luna y el sol).
9. Savasana (relajación completa).

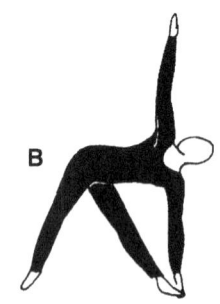

PROGRAMA INICIAL PARA LA ARTROSIS CERVICAL

1. Ejercicio de relajación de los hombros.
2. Ardha Bujangasana (posición parcial de la cobra): figura A.
3. Setu Banhasana (posición del puente): figura B.
4. Surya Chandra Mudra (ejercicio de relajación de la luna y el sol).
5. Respiración yóguica completa (técnicas de respiración del n.º 1 hasta el n.º 13).
6. Savasana (relajación completa).

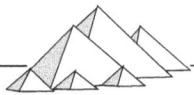

PROGRAMA DE MANTENIMIENTO

1. Saludo al sol: figura A.
2. Ardha Chandrasana (posición de la media luna): figura B.
3. Setu Bandhasana (posición del puente): figura C.
4. Surya Chandra Mudra (ejercicio de relajación de la luna y el sol).
5. Savasana (relajación completa).

La vista

Los defectos de la vista no siempre se deben a medios ópticos; a veces, estas enfermedades están determinadas por una modificación de la profundidad del ojo que mueve la retina o demasiado hacia delante o demasiado hacia atrás. Esto, según algunos investigadores, se debe a espasmos y a contracciones de la musculatura ocular. Con los ejercicios adecuados, se pueden eliminar los espasmos y devolver a la musculatura ocular y a la retina su contracción adecuada.

PROGRAMA

1. Surya Chandra Mudra (ejercicio de la luna y el sol).
2. Bhramari Mudra (ejercicio de relajación de la abeja).
3. Thratakam (ejercicio de relajación de la mirada fija).
4. Simhasana (posición del león): figura A.
5. Savasana (ejercicio de relajación completa).

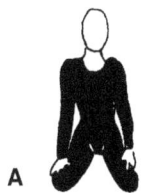

La eficacia terapéutica de la energía piramidal

Para aquellos que no tuvieran ganas o tiempo para dedicarse al aprendizaje y a practicar los ejercicios propuestos anteriormente, la energía que emana la pirámide de tienda puede ofrecer beneficios. De hecho, sin la necesidad de realizar estas posturas, sólo por estar expuestos a su influjo, permite curar o reducir los síntomas de muchas enfermedades. Una condición común a todos los remedios propuestos es que el lugar en el que se realicen los ejercicios debe estar limpio, bien iluminado, tranquilo y seco, y la posición adoptada dentro de la pirámide tiene que ser cómoda y confortable.

La piel

Los beneficios que aporta la energía piramidal son evidentes en la epidermis y en la dermis. En numerosos experimentos, ha sido posible verificar que la pirámide acelera el proceso de cicatrización de las heridas o de los cortes quirúrgicos.

Tan sólo es necesario permanecer dentro de una pirámide de tienda diez minutos para notar que se cicatriza más rápido, aceleración que es todavía más evidente si, en lugar de la pirámide de tienda, se coloca sobre la herida una pequeña pirámide de metal, preferiblemente de cobre. Sin embargo, también es necesario curar la herida con los productos farmacéuticos necesarios (pomadas, desinfectantes).

Lo mismo sucede con la presencia de cardenales o pequeñas llagas: también después de haber realizado una exposición bajo la energía piramidal durante un cuarto de hora se notará una gran mejoría, eso sí, sin llegar a la curación completa.

Las quemaduras causadas por una exposición prolongada al sol o por contacto con objetos calientes o fuego, si se exponen a la energía piramidal, no solamente se curarán de una manera más rápida, sino que registrarán una sensible

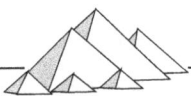

disminución de escozor y dolor. Algunos problemas dermatológicos pueden curarse con la pirámide, aunque, en estos casos, la respuesta que se obtiene sobre la energía piramidal es muy subjetiva; se ha demostrado que permaneciendo en una pirámide de tienda o aplicando sobre la piel una pequeña pirámide de cobre, se pueden reducir los problemas derivados por quistes sebáceos o marcas epidérmicas, pero no en todos los sujetos que se sometieron al experimento.

El insomnio

La eficacia terapéutica que ofrece la pirámide contra el insomnio también ha sido constatada por los especialistas. Esta no produce las notables contraindicaciones de carácter psicológico (como la dependencia) o físico, derivadas de la ingesta de somníferos o productos similares. A diferencia de los remedios farmacéuticos, la exposición a la energía piramidal, la mayoría de las veces, no produce un efecto inmediato, sino que hay que realizar este tratamiento entre 4-7 días ante de que se aprecien los resultados.

Poder curar el insomnio requiere un ejercicio continuo, en posición sentada dentro de una pirámide de tienda, durante cuarenta minutos, unas tres horas antes de ir a dormir. Es necesario adoptar una posición cómoda y relajante. Después de unos veinte minutos, puede notarse una sensación de calor y escalofríos: el tratamiento no deberá prolongarse más de cuarenta minutos. A la mañana siguiente, nada más levantarnos y en ayunas, es necesario realizar una nueva exposición dentro de la pirámide de tienda durante unos diez minutos.

Los efectos benéficos se constatarán de inmediato, al terminar la primera aplicación, o transcurridos algunos días.

El reumatismo

Los efectos dañinos que normalmente se producen en el estómago por tratamientos farmacéuticos contra los dolores reumáticos hacen que sea recomendable someterse cada día a la energía de la pirámide. Se ha comprobado que, gracias a muchos de los experimentos que describiremos más adelante (págs. 136-141), su notable eficacia deshidratante también puede actuar sobre los huesos, ligamentos y cartílagos.

Pasar unos veinte minutos al día dentro de una pirámide de tienda o colocar una pequeña pirámide, preferiblemente de cobre, en correspondencia con la zona afectada, permite obtener resultados beneficiosos en casos de ciática, reumatismos y dolores de las articulaciones.

Las capacidades deshidratantes de la energía piramidal ofrecen unos resultados verdaderamente sorprendentes para el tratamiento de bultos, hinchazones o derrames, sobre todo si han sido causados por traumatismos, como, por ejemplo, una caída.

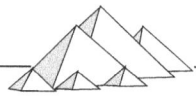

La celulitis

La respuesta benéfica que se obtiene varía en cada persona. Ya se ha demostrado que la pirámide está capacitada para reducir significativamente los problemas causados por la celulitis, por lo que ha sido propuesta como ayuda para cualquier tipo de tratamiento.

La acción deshidratante y generadora de calor de la energía piramidal combate la retención de líquidos, típico en la celulitis, y reactiva la circulación hemática y linfática, reduciendo las acumulaciones adiposas y su manifestación de la celulitis (piel de naranja). La exposición dentro de una pirámide de tienda debe ser cotidiana y con una duración de media hora por lo menos. Si las acumulaciones de celulitis tuvieran que localizarse en puntos concretos y de extensión reducida (las conocidas cartucheras), también es eficaz aplicar en el lugar exacto una pequeña pirámide, preferiblemente de cobre. En este caso, la aplicación también tiene que ser cotidiana y durará, como mínimo, unos treinta minutos.

Cefaleas y hemicráneas

Los efectos secundarios causados por los analgésicos, típicos en las terapias contra el dolor de cabeza, pueden superarse al exponerse a la energía piramidal.

Estar dentro de una pirámide de tienda unos cuarenta minutos puede aportar en los casos más leves el fin de esta patología; en los otros, reducirá el dolor. El tratamiento debe repetirse más de una vez a lo largo del día, pero con un intervalo de tres horas entre una exposición y la siguiente.

En algunas personas afectadas frecuentemente por cefaleas, la exposición dentro de una pirámide de tienda una vez a la semana durante cuarenta minutos puede tener efectos preventivos.

Las contracciones musculares

Como ya se ha visto, una de las características principales y más beneficiosas de la energía piramidal es su notable capacidad para dar calor, causada por la forma en sí que tiene la pirámide, que logra catalizar las energías magnéticas del cosmos y puede llevarlas a su interior.

Por esto mismo, hay quien ha llegado a pensar en experimentar la eficacia de esta energía para combatir las contracturas musculares. Se ha descubierto que el calor que produce la pirámide puede relajar y distender la masa muscular.

La terapia muscular contra las contracturas requiere unos ejercicios cotidianos de unos treinta minutos de duración, realizados dentro de una pirámide de tienda. Es importante recordar que antes de llevar a cabo la exposición, es necesario limpiar la zona de la piel afectada mediante sustancias farmacéuticas (cremas, pomadas, etc.).

Estrés y depresión

El estrés y la depresión están unánimemente definidas como las enfermedades del siglo: estas patologías nerviosas, con todos los síntomas físicos que pueden causar, como colitis nerviosas, gastritis, problemas digestivos, erupciones cutáneas, solamente pueden curarse de una manera, induciendo al paciente a relajarse y a estar tranquilo. Esto puede obtenerse mediante terapias farmacológicas y psicológicas, pero es peligroso su hábito y su dependencia psicológica induce a que psiquiatras y psicoterapeutas interrumpan periódicamente el tratamiento, y aconsejen reposo, si es posible en una población rural, lejos del bullicio de la ciudad.

La pirámide puede ser de una gran ayuda para los tratamientos farmacológicos que combaten el estrés y la depresión, ya sea en el periodo en el que estos estén interrumpidos, o durante su administración. Al no tener ningún tipo de contraindicación, contribuye a ayudar al paciente a relajarse y a recuperar la tranquilidad.

La meditación dentro de una pirámide de tienda puede hacerse sin la ayuda de los ejercicios descritos anteriormente, y debe llevarse a cabo a diario durante cuarenta minutos como mínimo. Es de gran ayuda para quien sufre estrés o depresión.

La pirámide puede convertir la energía negativa de la mente del paciente en energía positiva, aportando relajación e induciendo una agradable sensación de calor, fuerza y optimismo.

Ondas y campos electromagnéticos

Desde hace tiempo se han descubiertos los efectos dañinos para la salud causados por los campos electromagnéticos. Aunque no se dispone de los resultados oficiales sobre el peligro de estas ondas, son numerosas las voces de alarma que surgen y que están fundamentadas en investigaciones estadísticas que han revelado misteriosos incrementos en algunas patologías en las poblaciones que residen en las cercanías de una fuente de energía electromagnética. Todo esto provoca la difusión del temor a las exposiciones de esta energía.

Quien vive en los alrededores de centrales eléctricas, cables de alta tensión, antenas de radio y televisión; quien utiliza a menudo o lleva siempre consigo un teléfono móvil; quien tiene que trabajar durante muchas horas delante de un ordenador absorbe cotidianamente una gran cantidad de ondas electromagnéticas. En todos estos casos es muy difícil, aunque no imposible, evitar la irradiación.

Un remedio eficaz, que también sirve como preventivo, es el que aporta la pirámide. Se ha demostrado en experimentos realizados en individuos que tienen que estar muchas horas delante de un ordenador por motivos laborales que, al permanecer en una pirámide de tienda, se reducen bastante e incluso desaparecen los síntomas que afectan a quienes se exponen habitualmente a las ondas electromagnéticas (hemicráneas, tensión, cansancio crónico) y también los de la «población de trabajadores de una terminal» (dolores de espalda, cuello, tensión y cansancio crónico).

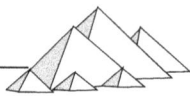

Experimentos con la pirámide

Numerosos científicos y experimentadores, profesionales y aficionados, han observado la presencia de numerosos fenómenos de diferente naturaleza en experimentos llevados a cabo en pirámides.

Algunos físicos afirman que la pirámide no es solamente un acumulador de energía, sino también un transformador. Sabemos que cada objeto con energía puede actuar como caja de resonancia. Energía que se concentra en un punto concreto del interior del objeto, tanto si es hueco como si es compacto. Por lo tanto, podemos afirmar que la pirámide funciona como una enorme caja de resonancia, capaz de concentrar las energías del cosmos como si fuese una lente gigantesca. La energía concentrada actuaría sobre las moléculas o sobre los cristales de cualquier objeto que esté en la misma trayectoria del rayo.

A continuación expondremos una serie de ejemplos experimentales que permitirán verificar «en casa» los extraordinarios poderes que posee la pirámide.

El modelo que se utilizará para realizar los experimentos será la reproducción a escala de la pirámide de Keops. Años de experimentación han permitido evidenciar que, aunque los efectos benéficos también pueden obtenerse con otros tipos de pirámides, la de Keops parece poseer una mayor «fuerza». También pueden utilizarse los modelos a escala, que se pueden adquirir en las tiendas (los de cobre son muy adecuados) o construir uno nosotros mismos siguiendo las instrucciones que aparecen al final del libro.

Afilar las hojas de afeitar

El experimento relativo a los poderes de la pirámide más célebre realizado hasta el momento se basa en afilar las hojas de afeitar. El ingeniero Drbal, técnico electrónico de Praga, que se pasaba las horas deleitándose con invenciones, lo patentó en 1959. Su oficina en Checoslovaquia fue utilizada durante casi diez

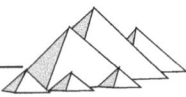

años para analizar los proyectos antes de que fuese aceptada su patente, años en los que Drbal tuvo que esforzarse para dar al ente público una explicación razonable y científica sobre el funcionamiento de este artificio que fue propuesto como «instrumento para afilar las hojas de afeitar». Según la ley checa, era imposible patentar un objeto del cual se ignorase su principio de funcionamiento.

Esta fue la explicación que dio Drbal:

«(...) la pirámide, oportunamente orientada hacia las líneas de fuerza del campo magnético de la tierra, puede concentrar la energía de las radiaciones cósmicas. Originándose así una "tracción" que consigue "estirar" el acero de la hoja de afeitar, eliminando las pequeñas deformaciones y haciendo "saltar hacia fuera" las moléculas de agua encerradas en el retículo metálico después de cada raspadura».

Actualmente, tras repetir infinidad de veces el experimento, los científicos están de acuerdo a la hora de explicar el fenómeno de afilar las hojas de afeitar en función de dos principios:

• la pirámide, catalizando la energía del campo magnético terrestre, produce una deshidratación rápida de la materia, también metálica, colocada en su interior, determinando un adelgazamiento y estiramiento de la hoja;

• esta energía determina la eliminación, mediante la deshidratación, de todos los microorganismos presentes en la hoja de afeitar y, por lo tanto, induce a eliminar todas las infinitas imperfecciones acumuladas en el filo de la hoja.

La pirámide ideal para llevar a cabo este experimento debe ser una reproducción a escala de las dimensiones de la pirámide de Keops. Ha sido demostrado, que esta más que ninguna otra, está capacitada para determinar una regeneración en las hojas de afeitar.

La particular potencia y eficacia deshidratante de la pirámide de Keops puede ser inequívocamente demostrada por muchísimos experimentos, pero todavía hoy permanece como un hecho inexplicable. La hipótesis más aceptada es la que afirman aquellos que han notado la inclinación que las paredes de la Gran Pirámide, es muy próxima, por no decir idéntica, a la de la molécula del agua (H_2O), en la que los dos átomos de hidrógeno se disponen en relación al del oxígeno con la misma inclinación.

El experimento es de fácil realización.

Solamente se necesita una pequeña pirámide que sea una repro-

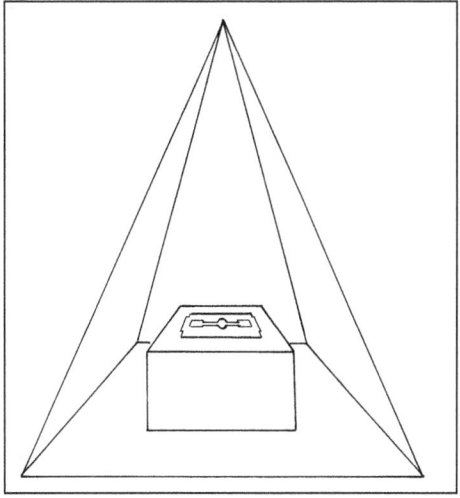

La ilustración muestra la posición correcta de la hoja de afeitar dentro de la pirámide

137

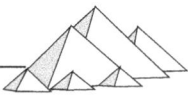

ducción a escala, como ya se ha dicho, de la pirámide de Keops, una brújula, una hoja de afeitar nueva y una cajita de cartón con una altura aproximada a un tercio de la pirámide. La hoja de afeitar se introduce en la cajita y, con la ayuda de la brújula, se alinean las hojas en dirección norte-sur.

Llegados a este punto, se cubre la hoja de afeitar y la cajita, con la pirámide, teniendo cuidado a la hora de poner los cuatro lados de la base en dirección a los puntos cardinales.

La pirámide no se podrá tocar, por lo menos durante una semana. Una vez transcurrido ese tiempo, se empezará a utilizar la hoja de afeitar teniendo en cuenta que hay que volverla a poner debajo de la pirámide y en la misma posición, después de cada utilización. Hay quien afirma haber realizado siguiendo este modelo unos 196 afeitados, ¡con la misma hoja de afeitar!

La momificación

De todos es conocida la capacidad de momificar la materia orgánica que tiene la pirámide. Los antiguos egipcios, los pueblos orientales, los esoteristas de todos los tiempos, la han practicado con cierta regularidad. Una leyenda cuenta que en Italia, en Nápoles, el príncipe Raimondo di Sangro, célebre esotérico, había efectuado experimentos sobre la momificación utilizando este instrumento.

Recientemente esta experimentación ha sido realizada siguiendo un método científico. El primer investigador en llevarla a cabo fue el radioestesista francés, Antoine Bovis, quien, en un viaje que realizó a Egipto, pudo observar de cerca los cuerpos momificados de diferentes animales de pequeño tamaño que se encuentran en el interior de la pirámide de Keops, en Gizeh, e intuyó su poder. Estudió la extensa literatura esotérica, disfrutando de todo lo que pudo servirle de provecho con mucho mérito, y decidió experimentar el poder momificador de una pequeña pirámide de cartón, con una altura de 30 centímetros y las mismas dimensiones (en tamaño a escala) que la de Keops.

Quedó asombrado: carne de cualquier tipo de animal, flores, plantas, todo se momificaba perfectamente después de haberse sometido a una breve exposición. Bovis no tardó en patentar el sistema y en dar una amplia publicidad mediante textos científicos; desde entonces, el experimento ha sido realizado miles de veces obteniendo siempre el mismo resultado: la perfecta momificación de la materia orgánica expuesta.

Sin embargo, el experimentador más famoso sobre el poder momificador de la pirámide es el investigador californiano Verne Cameron.

Puso 50 gramos de carne de cerdo, compuesta por un 50 % de grasa, debajo de una pirámide, en la habitación más caliente, luminosa y húmeda de su casa: el cuarto de baño. Cameron notó que, transcurridos tres días, la carne desprendía un ligero olor, lo que le pareció ser un primer síntoma de putrefacción, pero, después de seis días, pudo constatar que la carne estaba momificada, no olía mal y, es más, todavía era perfectamente comestible.

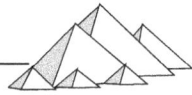

Repitió más veces el mismo experimento, pero con otros materiales, y pudo comprobar que los de tipo alimenticio siempre permanecían comestibles. Cameron decidió aprovechar al máximo las causas de este sorprendente fenómeno. Así, gracias a un *aurámetro*, un aparato inventado por él para poder medir el aura del campo de fuerza de cada objeto, descubrió que la pirámide era un potente catalizador de energías, ya que desde su vértice emerge una potente espiral de energía electromagnética que sube hacia el cielo.

El experimento es fácil de realizar.

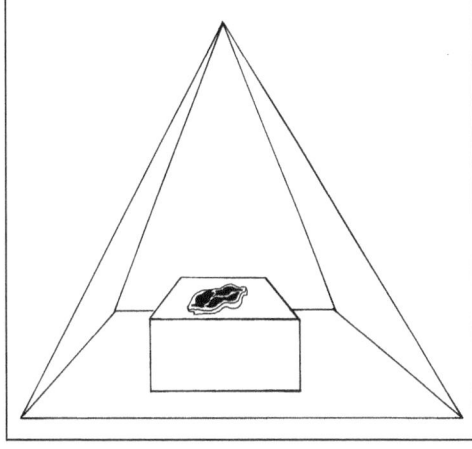

Atención: hay que tener en cuenta que la pirámide siempre tiene que estar orientada con los puntos cardinales

El tiempo necesario para la momificación varía bastante, ya que se relaciona con la luminosidad, la humedad y la naturaleza del material del que está compuesto la pirámide y los soportes colocados debajo de la materia a momificar. Pero, gracias a la experiencia aportada por todos los experimentos realizados anteriormente, es aconsejable elegir un ambiente fresco y seco, en el que no haya corrientes de aire y que esté lo más oscuro posible.

Una vez localizado el lugar idóneo, hay que procurarse la materia orgánica a momificar (trocitos de carne, pequeños frutos, flores), una brújula, una pirámide que reproduzca a escala la de Keops, un pequeño recipiente o impermeable (por ejemplo, una hoja de papel perfumado) y una cajita de cartón que tenga un tercio de altura de la pirámide.

Hay que poner el objeto a momificar en el recipiente o sobre el soporte impermeable, apoyarlo sobre la cajita y, con la ayuda de la brújula, se orientará en dirección norte-sur. Finalmente, se cubre todo con la pirámide teniendo en cuenta que hay que alinear los lados de la base, en la misma dirección que los cuatro puntos cardinales.

Debajo de la pirámide también se pueden poner otros objetos; si estos son similares, también se pueden comparar las variaciones que en el proceso de momificación sufren los diferentes soportes o posiciones en el interior de la pirámide. Todavía es más interesante comparar el estado de tres objetos idénticos (por ejemplo, tres granos de uva del mismo racimo y de dimensiones más o menos similares) situados uno de ellos debajo de la pirámide, otro al descubierto sobre un trocito de papel perfumado y el tercero colocado debajo de un cubo. Transcurridos algunos días, el que estaba debajo de la pirámide aparecerá deshidratado, pero se conservará intacto y perfumado; en cambio, los otros dos estarán arrugados y descompuestos.

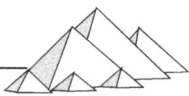

Cargar las pilas eléctricas

La energía producida por la pirámide se puede utilizar no sólo como un potente deshidratante, sino también para conservar y potenciar la carga eléctrica de las pilas. La experimentación parte de la presuposición de que, normalmente, una pila en reposo tiende a descargarse.

Para realizar el experimento, se necesitarán dos pilas, un voltímetro (preferiblemente los digitales y que permiten la lectura de las décimas de voltio), una brújula, una pirámide y una pequeña cajita con una altura proporcional a un tercio de la de la pirámide. Con el voltímetro se mide la carga de las dos pilas utilizadas a la vez, para poder tener un voltaje lo más similar posible. Se

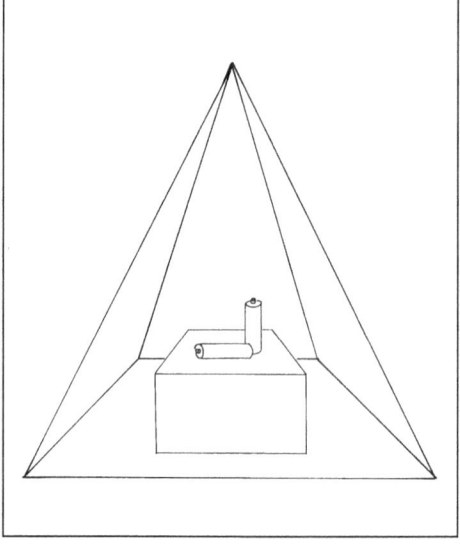

Para realizar este experimento, es interesante utilizar al mismo tiempo más pilas, aunque tengan un voltaje diferente, para verificar la estadística

coloca una pila fuera de la pirámide, al descubierto (o debajo de un cubo o un vaso), mientras que la otra se pone debajo de la pirámide, orientada de norte a sur y apoyada sobre la caja de cartón. En este caso, también habrá que prestar atención a que los lados de la base de la estructura estén orientados hacia los cuatro puntos cardinales. Cuando hayan pasado unos días y con la ayuda del voltímetro, se medirá el potencial de las dos pilas y se comprobará que la pila que ha estado en el interior de la pirámide se ha cargado el doble en relación con la que permaneció en el exterior de la pirámide.

Para que el experimento sea lo más exacto posible, sería oportuno realizarlo más de una vez, utilizando pilas diferentes para poder comprobar los resultados obtenidos de forma estadística.

La pirámide de cuarzo

Una pirámide de cuarzo posee en sí misma una energía latente, encerrada en el cristal, concedida por su forma piramidal. Esta carga se extiende a cada ser vivo u objeto que entre en su rayo de acción. Se puede ayudar al crecimiento de una planta que esté un poco débil, situando una pirámide en la parte de abajo, o colocando la pirámide en el jardín, cerca de la fruta y las hortalizas en crecimiento.

Hay que realizar los experimentos de manera gradual; antes de empezar la experimentación con este tipo de pirámide, es útil adquirir experiencia con estructuras fabricadas con otros materiales. El cuarzo tiene un tipo de energía

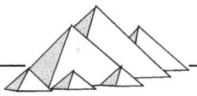

muy potente y focalizada. La función más difícil será conseguir utilizarla bien, ubicando de manera correcta la pirámide. Esta proyecta un rayo de energía diez veces mayor a su altura total. Esta energía se proyecta en cada cara de la pirámide. Un claro ejemplo es pensar que una pirámide de 3 centímetros de altura proyecta hacia el exterior energía que se expande 30 centímetros por cada lado. En el vértice de la pirámide, en el que se unen las cuatro caras, la energía cuadruplica su potencia, con un rayo en forma de abanico, que se expande a unos 120 centímetros.

Es necesario tener en cuenta que para que funcione el cuarzo es necesario «bombardearlo» con vibraciones que surjan de nuestro pensamiento. Por lo tanto, habrá que concentrarse en la pirámide para que renazca la energía del cuarzo.

www.ingramcontent.com/pod-product-compliance
Lightning Source LLC
Chambersburg PA
CBHW081328190426
43193CB00044B/2891